写方案

其实是解决问题

June —— 著

电子工业出版社
Publishing House of Electronics Industry
北京·BEIJING

前　言

这本书能给你带来什么

我是一个好奇心很强的人，只要遇到不明白的事情，都会尽量想办法弄清楚。工作10年，我观察过身边许多优秀的前辈及伙伴，他们的沟通能力都非常突出。一些擅长写，一些擅长说。《写方案其实是解决问题》谈的就是写的能力，拥有这个能力可以显著提高沟通效率。希望我们都能拥有这个能力！

我一直对写作有浓厚的兴趣，在运营领域进行"输出"，是从2018年开始的。当时我写过一篇题为"老板喊我写方案，我总是找模板，怎么破"的文章，仅在鸟哥笔记 PC 端阅读量就近十万次。我很惊讶，一篇平平无奇的文章，一篇我在鸟哥笔记的处女作，一篇连用词都稍显稚嫩的文章，竟然会有这么高的阅读量。

之后经常有读者加我微信，问我："June，领导让我写个方案，我不知道怎么下手啊，你有模板吗？"这让我陷入两难：如果我不回复，觉得过意不去；如果我真的发送一个模板，其实也并不能解决他的问题，因为百度文库的模板比我的还多。

考虑到这个情况，我计划写一本面向"0 到 5 岁"职场人的书，分享我写方案的经验及教训，尤其是在参照物稀缺的互联网行业，我觉得这本书一定有价值。但写书本身对我来说，是个巨大的挑战。这个挑战来自两方面。

- 一是在写作的过程中，我会呈现很多案例，剖析这些案例的过程，好似毫无保留地把自己的内心活动呈现在读者面前。这样的场景，让我多少有一些紧张。

- 二是这么多年来很多人劝我做知识付费，我都谨慎拒绝了，因为我觉得自己应该为自己的分享负责。所以写书这个决定，对我来说是一份责任，让不同背景、不同经历的读者都能有所收获，对我来说也是一个挑战。

现在，我选择迎接这个挑战。

《写方案其实是解决问题》集合了我从业多年以来的方案撰写经验，在这本书中，我主要想说明三个问题：方案的定义、写方案的目的和方案的本质。我会呈现九大场景，从分析到思考、再到输出，多个环节呈现方案撰写的思考路径，尽可能让大家在遇到相似场景时可以套用，并通过反复套用和思考，将其内化为自己的思维模式及表达逻辑。

我对此很有信心。

根据我的从业经验，我前团队的核心成员在遇到任何项目规划、落地任务的时候，我会强烈要求他们不要使用模板，而是用我给的方案撰写思路去分析、思考，要知道是什么，更要知道为什么。他们成长得非常快，很快就能独当一面。因此，我坚信这本书能够引发大家的思考。

此外，我想感谢这个时代。

我本科学的是社会工作，"以人为本、社会正义、助人自助"几个词语深深地刻在我脑海中，这也是这个专业的核心理念。我所在学校的社会工作专业的主科是社会学及心理学，强调共情及同理心。像我这样的专业背景，如果不是赶上互联网时代，不是赶上运营时代，我应该没有这样的表达机会。

从事运营的这十年，对于运营的理解，我比较认同四川大学商学院副教授金茂竹老师曾提到的定义：运营是应用技术配置资源实现目标，以创造价值的过程。用过什么技术、实现了什么目标、创造过什么价值、过程是否可以再优化，这些问题，我都深入思考和复盘过。我也总结了自己的模型，我会将这个模型在本书中用案例的方式呈现出来。

峰终定律（Peak-End Rule）认为：人的大脑在经历某个事件之后，能记住的只有"峰"(高潮)和"终"(结束)时的体验，过程中的其他体验其实是可以被忽略的。这一定律也被运用到多个领域：演讲、产品设计和服务设置等。这一定律基于我们潜意识总结体验的特点：当我们结束对一项事物的体验之后，所能记住的只有在高潮与结束时的体验，而其他好与不好的体验的比重和体验时间长短，对这段记忆几乎没有影响。而在高潮出现之后，终点出现得越迅速，这件事留给我们的印象越深刻。

一个好的方案一定能给倾听对象留下"峰"的体验。希望读者通过阅读本书并对照操作，能尽快掌握并熟练使用这个技能，从而有效提高沟通效率。

Contents

第一章 写方案是在写什么

01 方案的定义 /006

02 写方案的目的 /008

03 方案的本质 /010

第二章 我们写过的和将要写的方案

01 从周报来谈谈方案入门 /016

02 破译新媒体方案 /025

03 工作模块执行方案 /048

04 竞品分析也是方案 /060

05 独立项目运营方案 /074

06 一起写个年度规划 /106

07 战略分解落地方案　/119

08 入职前的分析方案　/148

09 想创业，BP不可缺　/162

第三章　三个真实方案赏析

01 关于转行　/183

02 关于爱好　/190

03 关于复盘　/194

后记　6个关键词总结我的10年运营路　/201

第一章

写方案是在写什么

为什么我们听过很多分析法，却仍然写不好方案；为什么明明觉得自己能做到，写出来却面目全非；为什么一提到写方案，就条件反射般地想要找模板……

写方案到底是在写什么？我觉得在真正开始写方案之前，我们应该明白方案的定义、写方案的目的和方案的本质。你可以结合自己实际操作过的方案，带着问题开始阅读。

我第一次感受到写方案的重要性，是在我担任运营总监这个职位以后。当时的我远没有现在成熟，但我也在思考如何让 CEO 及团队成员能迅速在业务运营方向以及策略上达成一致，前提肯定是需要沟通。那什么样的沟通方式足够高效，既能传递我的想法，又能成为部门开展业务的"指导思路"？我决定先写一个方案。

方案完成以后，沟通效果非常好，也就是从那时起，我深刻地认识到方案的重要性。这本书谈论的是"写方案其实是解决问题"。为了确保正在阅读的你有所收获，我会先对方案是什么、写方案的目的、方案的本质一一进行说明，再结合九大常见场景进行具体分析，让大家在对照操作时更方便快捷。

01
方案的定义

大学本科的逻辑课程讲到定义时提道：定义是揭示概念的内涵的逻辑方法，是揭示事物的特有属性（固有属性或本质属性）的逻辑方法。所以明确一个事物的定义很重要，能让我们了解这个事物的属性、特点，甚至本质。

我们先来看看方案的定义：方案是从目的、要求、方式、方法、进度等方面进行具体、周密的部署，并提出有很强操作性的计划。从这句话可以看出，写方案最重要的就是明确目的与要求，叙述自己将会采用什么样的方式方法，保障该计划能操作和落地。

结合我们工作的情况，方案需要有很明确的可操作的计划，所以写方案的本质，其实就是在解决问题。方案本身是在明确工作要求的基础上，对达成这个要求所需的背景进行梳理、对目标进行分解、对措施进行描述、对时间进行规划，并用合适的方式呈现给目标对象的过程。

在日常工作中，我写得较多的是运营方案。结合方案定义中的关键词来看，以互联网运营为例，运营方案可以这样去理解：本着我们的运营目的或领导对于运营的要求，用自己掌握的运营方式和方法，分步骤、有计划地安排运营工作，确保自己所罗列的内容都能落地，并且把这些内容用一定方式呈现给目标对象。

02
写方案的目的

明确了方案的定义以后,我们再来谈谈写方案的目的。我们在做一项工作时,要知道做什么,更要知道为什么做。写方案也是这样,知道要写方案,更要知道为什么要写方案,即明确写方案的目的。

针对写方案的目的,可以根据实际应用场景来思考和分析。只有想清楚为什么写,才能把方案写好。而目的的确定,主要依据面向的对象。通常情况下,我们所撰写的方案面向的对象主要有:自己、同事、领导、客户、投资人,等等。依据上述对象,写方案的目的可能有以下几个。

- 自己：将自己的工作梳理清楚，什么节点该做什么事，做到心中有数，便于自己复盘和总结。

- 同事：与同事沟通对接，尤其是在跨部门协作时，有些项目需要确定对方在什么环节配合什么工作，提供什么支持。

- 领导：让领导清楚你的工作计划，需要什么资源，预计会有什么效果及风险，做好向上沟通。

- 客户：进一步明确客户需求，就服务内容等与客户达成一致，降低沟通成本。

- 投资人：面向此类对象的方案不需要经常写，但撰写目的非常明确，即让投资人了解团队、项目等，并产生投资意愿。

03
方案的本质

明确了方案的定义及写作目的，我们再来分析方案的本质。方案的本质，即方案本身所固有的特性，了解方案的本质可让我们脱离表象进行方案撰写。

对于大部分工作而言，我们的主要任务是分析问题并解决问题。撰写方案其实就是呈现分析问题和解决问题的逻辑，通过这个逻辑的呈现过程，明确问题所在，进而分析问题性质，提出解决问题的方法。

2020年，我对自己的总结和展望是：前十年学会分析和解决问题，后十年学会发现问题。现在，我把这个我用十年时间总结的分析和解决问题的逻辑呈现出来，希望能像"路径"或者"模型"一样被需要的小伙伴使用：

价值观——定义需求层次——分析和解决问题的技术——具体执行

价值观：我们的行为方式，我们选择、决策、做事的准则等，都会体现我们的价值观。在解决问题时，价值观即我们所坚持的思想内核，这个内核决定解决方案的方向。价值观也是分阶段的，是有生命周期的，所以我们在解决问题时的价值观是会发生变化的。如何让工作过程变得有意义，让自己产生成就感，让工作结果超出客户期望，给客户创造价值，应该是我们开展每一项工作所秉持的价值观。

定义需求层次：从内核往后推，就是定义需求层次。解决问题的目的是满足需求，所以方案写给谁、满足他的什么需求，是需要思考和分析的。这个思考和分析的过程通常情况下可以借用马斯洛需求层次理论来完成。1954 年马斯洛在他的书中将动机分为 5 层：生理需求、安全需求、归属与爱的需求、自尊需求、自我实现的需求。1970年又改为如下7个层次：生理需求、安全需求、归属与爱的需求、自尊需求、认知的需求、审美的需求、自我实现的需求。在实际情景中，我们可以依据该理论来尝试定义需求层次。

分析和解决问题的技术：用分析问题的框架，即明确是什么、为什么、怎么做，建立解决问题的框架。我们写的方案是什么？需要包括什么内容？为什么要写这个方案？写这个方案的目的是什么？如果前面的问题都思考清楚了，就应该考虑"怎么做"的问题，即应该怎么撰写？具体怎么操作？先说什么？后说什么？在某些情况下，"是什么"及"为什么"因为阅读对象及项目背景不同，两者的篇幅安排可能也不尽相同，有时候更注重"是什么"，有时候则更强调"为什么"。

具体执行：在前面的阶段都思考清楚以后，就需要进入具体执行阶段。在进入该阶段前，我们需要考虑方案的提纲及细节。可以这样去自查：价值观及需求层次定义是否清楚；是什么、为什么、怎么做的框架分析是否清晰；计划用什么格式来展示；需要哪些数据分析做支撑；需要什么工具提供支持；对时间及相关节点是如何安排的……这个过程就是针对所分析的问题提供解决方案的过程。

综上所述，根据我提到的问题解决逻辑，我们发现在撰写任何方案时，都有一个中心思想——**呈现一个更好的解决问题的逻辑。带着我们的价值观和对需求的判断，让别人知道我在解决什么问题（是什么）、我为什么要解决这个问题（为什么）、我制订了什么解决方案及计划如何执行该解决方案（怎么做）。**

因此，在方案的表达逻辑上，要关注以下几点核心：对既有的数据及情况进行分析和说明，对背景有足够的认识；明确方案给谁看、谁会看，确保让对方快速理解方案；是否对方案的目标进行了阐述，确保阅读对象带着目标去评估方案，提出建议或意见；分析方案的具体落地计划是否清晰，如果阅读对象对方案无异议，那么是否可以立即落地操作。

| 第二章 |

我们写过的和将要写的方案

01
从周报来谈谈方案入门

为什么要从周报开始呢？因为周报是最简单的方案，但简单并不意味着容易，也不意味着不重要。网络上有很多关于如何写周报的文章及视频，周报虽然是大家经常写的一种方案，但并非每个人都能写好。

有些时候，我们可能觉得写周报非常形式主义，甚至会觉得自己在记流水账，但是要想真的把周报写好，是需要下功夫的。不然"周报"这个词的热度也不会那么高，以微信指数为例，几乎每到周五，"周报"的热度都会上涨。

根据第一章提到的分析和解决问题的路径，我们来思考周报应该怎么写。

1）路径回顾

价值观——定义需求层次——分析和解决问题的技术——具体执行

2）思考过程

第一步，写周报的时候，我们应该怀揣什么样的价值观。价值观决定了我们周报输出的质量。对于写周报来说，要摒弃记流水账的思路，把写周报这件事作为梳理工作和罗列计划的一个重要过程。如果有这种意识，那么我们至少在价值观层面，为周报质量提供了保障。

第二步，对于周报写作目的进行需求层次分析，周报写作的目的是描述事实。因此首要考虑解决安全需要，让阅读对象能够快速掌握情况。因此写周报的核心目的应该是尽可能清晰地呈现事实。当然如果能在该需求层次的基础上进行升华，如提出问题及解决方案，将更加完美。

第三步，使用分析和解决问题的技术。前文提到过，根据问题解决逻辑，写方案的中心思想是：**让别人知道我们在解决什么问题（是什么）、我们为什么要解决这个问题（为什么）、我们制订了什么解决方案及计划如何执行该解决方案（怎么做）**。写周报的思考过程如表 2-1-1 所示。

表 2-1-1　撰写周报时分析和解决问题的思考过程

是什么	本周我做了哪些事情 下周需要继续推进的事情 可能需要公司支持的事情 可能存在的资源需求
为什么	领导想知道工作情况 信息留存，便于后期复盘和总结 分清重要工作和临时性工作 部门间相互了解，提前安排相关资源支持
怎么做	用什么格式 什么时候提交 如何命名更方便领导查找 如何让周报更美观

第四步，落实具体执行计划。对于周报撰写而言，具体执行计划相对简单，按时提交并确保上级查收即可。当然，周报也不是一成不变的，随着业务的开展，

周报也需要在后期推进过程中持续迭代。

3）撰写框架

按照上述思考过程，一份完整的周报一般包括以下几个部分：

①标题：X 平台 X 周报。

②副标题：日期、姓名。

③Part1 本周的重点工作进展。

④Part2 本周的临时工作进展。

⑤Part3 下周的重点工作。

⑥Part4 所需的支持。

4）案例分析

如表 2-1-2 所示，这是一份海外社交平台的运营数据周报，为了确保不涉及任何商业机密，我在未改动原始格式的情况下，对数据进行了一些调整，表中数据均不是真实数据。

表 2-1-2　一份海外社交平台的运营数据周报

社交平台运营数据			2020 年 4 月第 1 周		
平台（Platform）	指标（Index）		品牌 1	品牌 2	品牌 3
Facebook	截至统计日粉丝总数（Followers）		—	—	—
	截至统计日主页赞总数（Likes）		—	—	—
	发帖情况 Posts information	发布数量（Number of posts）	12	13	14
		点赞数（Likes）	55	55	211
		评论数（Comments）	12	11	16
		分享数（Shares）	10	8	0
		覆盖人数（People reached）	1408	1364	11217
		购买链接点击量（Click rate）	90	87	66
		优惠码使用数（Code usage）	78	34	2
Instagram	截至统计日粉丝总数（Followers）		9931（-4）	5959（-1）	21113（+3）
	发帖情况 Posts information	发布数量（Number of posts）	1	1	2
		点赞量（Likes）	3	2	26
		评论数（Comments）	0	0	1
		视频浏览量（Video views）	/	/	/
备注 Remark					

结合路径"价值观——定义需求层次——分析和解决问题的技术——具体执行"来判断，上述这份周报质量如何？

首先，在价值观层面，能感受到周报输出者的用心程度；其次，在需求层次的定义上，停留在事实描述层面，会让阅读对象有一定安全感，能够快速掌握情况，但未对其进行升华；再次，在分析和解决问题的技术层面，有"是什么"和"为什么"，但缺乏"怎么做"；最后，在具体执行层面，主要考查发送时间、格式等，这里单纯从表格来看，格式清晰。

根据上述评估的情况，我们可以尝试优化这份周报。根据"撰写框架"部分提供的一份完整的周报的框架来看，我们只要加上综述，就会使整个周报的重点更加突出。

X社交平台运营数据周报

(2021年4月5日 June)

Part 1　重点指标的情况

①主页点赞数,与月度KPI相关,已达成30%。

②本周与竞争对手相比,粉丝新增100人。

③本周三个品牌的优惠码转化情况较上周提升10%,共转化114次。

Part 2　具体指标表现

平台(Platform)	指标（Index）		品牌1	品牌2	品牌3
Facebook	截至统计日粉丝总数（Followers）		—	—	—
	截至统计日主页赞总数（Likes）		—	—	—
	发帖情况 Posts information	发布数量（Number of posts）	12	13	14
		点赞数（Likes）	55	55	211
		评论数（Comments）	12	11	16
		分享数（Shares）	10	8	0
		覆盖人数（People reached）	1408	1364	11217

续表

平台 (Platform)	指标（Index）		品牌1	品牌2	品牌3
Facebook	发帖情况 Posts information	购买链接点击量 (Click rate)	90	87	66
		优惠码使用数 (Code usage)	78	34	2
Instagram	截至统计日粉丝总数 (Followers)		9931 (-4)	5959 (-1)	21113 (+3)
	发帖情况 Posts information	发布数量 (Number of posts)	1	1	2
		点赞量（Likes）	3	2	26
		评论数 (Comments)	0	0	1
		视频浏览量 (Video views)	/	/	/

Part 3　下周的核心工作

①在优化发布内容的同时，研究本土化策略并落实。

②分析竞争对手近三个月的活动运营情况，同时完成本季度活动预算。

③分析优惠码转化路径，分析数据，并形成提升转化率方案。

④完成社交平台常规运营工作，包括发布内容三

次及用户维护服务。

Part 4　所需的支持

①拍摄场景需要调整，依据当下 Instagram 热点进行布置。

②在分析优惠码转化率时，需要跨部门给予数据支持。

02
破译新媒体方案

先来看看新媒体的定义,根据维基百科:新媒体是基于数字技术、网络技术及其他现代信息技术或通信技术,具有互动性、融合性的介质形态和平台。在现阶段,新媒体主要包括网络媒体、手机媒体及其两者融合形成的移动互联网,以及其他具有互动性的数字媒体形式。这是传统媒体的形式、内容及类型的一次完整质变。

新媒体依然是媒体,依然离不开文字、图片、语音和视频。因此新媒体的"新"主要体现在介质上,介质的转变,让媒体变得更加大众化和个体化。网络上对新媒体的定义，也提到"根据新媒体使用主体及受众群体的变化，新媒体的演进历程可划分为精英媒体阶段、大众媒体阶段及个人媒体阶段"。

根据维基百科的说明，新媒体大致具备以下特征。

①技术特征：利用了数字技术、网络技术和移动通信技术等。

②渠道层面：通过互联网、无线通信网等构建的平台进行传播。

③终端层面：以手机、平板电脑、电脑等作为主要输出终端。

④服务层面：向用户提供文字、图片、语音、视频等服务，确保用户可以获取信息、进行娱乐及远程学习等。

这几年，新媒体方案可能是我们写得最多的一种方案，无论就职于大企业还是创业公司，无论身在传统行业还是新兴领域，无论是成熟的职场人还是小"萌新"，都可能写过微信运营方案、抖音运营思路、视频号运营策略等。

伴随着新媒体技术的发展，传播渠道及平台变得越来越多元。从 2009 年新浪微博上线，到 2012 年微信公众号上线，新媒体逐步从官方走向大众，开始向移动端发展。2012—2014 年各类平台及品牌纷纷涉足新媒体领域，到目前为止，直播、短视频等仍然是新媒体内容创作的热门形式。

"新媒体运营"这个关键词的搜索情况从百度指数来看，自 2015 年热度开始上涨，截至目前（2021 年 8 月 2 日）维持在相对稳定的水平，如图 2-2-1 所示。

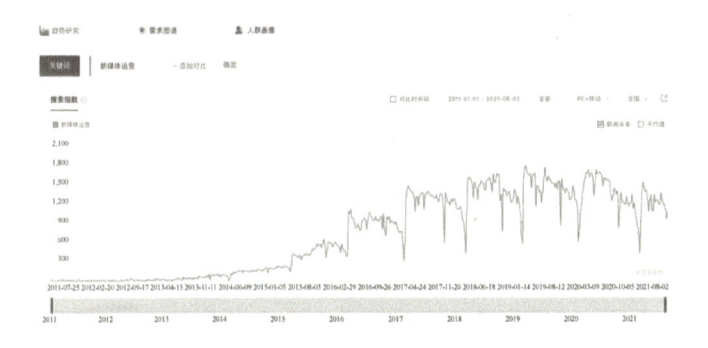

图 2-2-1　"新媒体运营"一词的搜索情况（来自百度指数）

根据我们实际运营的情况来看，新媒体具备多重属性，也在这个时代发挥了相当大的作用。不论是传统媒体还是企业，都纷纷开始布局新媒体矩阵，以提升传播力和影响力。基于新媒体的多种特征，在做新媒体运营时，做到专业、客观、平衡显得非常重要。

2021年7月22日，由澎湃新闻网主办的"新潮·澎湃"2021外滩新媒体峰会上，澎湃新闻总裁、总编辑刘永钢为大会做主题演讲。刘永钢表示，澎湃新闻于2014年7月22日正式上线，是国内第一家从传统媒体整体全面转型而来的新媒体，澎湃新闻将进一步对标先进媒体，不断提升和完善自我，努力成为引领型的互联网新型主流媒体。同时，在阐述"引领"的标准时，他也提到要做专业、客观、平衡的报道。可见价值观在新媒体方案中的重要性。

明确了价值观的重要地位，我们来思考新媒体方案怎么写。

1）路径回顾

价值观——定义需求层次——分析和解决问题的技术——具体执行

2）思考过程

第一步，在撰写新媒体方案时，我们应该秉持什么样的价值观，这一点非常重要。我曾在《传媒观察》中看过一篇题为"论新媒体导向对当代大学生价值观的影响"的文章，文章提到"新媒体的发展给当代大学生价值观的树立带来了众多积极的影响，为当代大学生扩展了视野。但是，新媒体中不好的信息，会增加其价值判断的难度，这会对他们树立正确的价值观起到消极的影响。因此，在新媒体导向下积极地引导当代大学生树立正确的价值观，克服其带来的消极影响，需要大学生自身、学校和社会多方面的共同努力"。这里提到大学生的价值观会受到新媒体的影响，而事实上，我们运营的任何新媒体平台，都会对受众的价值观产生影响。所以在促使我们所运营的平台或账号具备个性，在目标群体中具备传播效果的同时，平台还需要承担起应有的责任。因为几乎所有人都对新媒体传播的内容触手可及，会受到新媒体内容价值导向的影响，作为运营人，我们希望这个影响是专业、客观、平衡的。

第二步，要分析新媒体方案的写作目的及需求层次，我们首先要认识到新媒体运营的目的是向一部分人或特定的群体传递信息。既然这样，那我们这个平台存在的意义是什么？能为目标用户带来什么价值？关注我们或者不关注我们会有什么不同？用户为什么需要接收甚至阅读我们传递的信息？从生理需求、安全需求、归属与爱的需求、自尊需求、认知的需求、审美的需求、自我实现的需求来看，我们的新媒体运营方案的需求层次应该在"安全需求、归属与爱的需求、认知的需求、自我实现需求"这四者中去定义，至少应该满足其中两点。

第三步，使用分析和解决问题的技术。这一环节仍然是从是什么、为什么、怎么做入手分析。在"是什么"层面，首要考虑我们要做什么，有什么资源和能力支持我们来做新媒体，目标是什么，我们计划运营哪个平台，在这个平台传播什么，面向什么类型的用户，针对这一类用户计划解决什么需求；在"为什么"层面，首要思考为什么要做新媒体，为什么要选择这个平台，我们准备在这个平台发布什么样的内容，这样做有什么好处，能给用户带来什么价值；

"怎么做",即我们的内容来自哪里,我们计划用什么样的 KPI 来评估我们做得如何,我们要如何持续迭代才能确保达成目标。我在第一章提道:"在某些情况下,'是什么'及'为什么'因为阅读对象及项目背景不同,两者的篇幅安排可能也不尽相同,有时候更注重'是什么'、有时候则更强调'为什么'。"在撰写新媒体方案时,我们应更注重"是什么"。其思考过程如表 2-2-1 所示。

表 2-2-1　撰写新媒体方案时分析和解决问题的思考过程

是什么	计划通过什么,切入新媒体领域
	针对计划开展的新媒体运营工作,目标是什么
	目前有什么资源和能力支持我们切入新媒体领域
	计划主要面向哪一类用户
	计划面向的这一类用户有什么需求和痛点
	竞争对手有哪些,做得如何
	计划运营哪个平台,以什么形式为主
	我们的内容从生产、管理到发布,计划如何安排
为什么	为什么要做新媒体运营:市场及竞争对手角度
	为什么要做新媒体运营:用户角度
	为什么要做新媒体运营:核心竞争力或资源角度
	为什么要做新媒体运营:业务发展角度
	为什么要做新媒体运营:平台选择及内容安排角度

续表

怎么做	目前的准备工作开展得如何 计划如何完善运营的基础内容 基础内容完善后,对平台的调性如何定义 如何与公司其他部门建立连接,实现资源共享 如何确保运营目标达成 用哪些指标来衡量工作结果 完成上述工作需要哪些支持

第四步,落实具体执行计划,根据上述思考过程,因地制宜地开展具体工作。因此在执行时,需要考虑以下几个步骤。首先,掌握现状,思考是否对现有的数据及情况有充分的了解,对项目或公司的背景有清晰的认识;其次,考虑方案的阅读对象,根据不同对象的工作背景或其他背景,方案展示的逻辑及重点可能会有一定的差异,但一定要将方案的目的表达清楚;再次,思考希望通过方案达成的目标,围绕目标进行拆解,罗列具体工作项,确保阅读对象可以带着目标评估方案的可行性,提出建议或意见;然后,根据"是什么、为什么、怎么做"梳理提纲并逐步完善,将提纲梳理清楚后再开始撰写方案;最后,思考方案的呈现形式,在什么时间段、用什么格式呈现更便于对方理解。

3）撰写框架

将上述的思考过程应用到不同公司的不同项目中时，可能重点不同。所以在思考新媒体方案的撰写框架时，我划分了两个场景，展示两个相对比较通用的框架。希望读到这里的你，可以在该框架的基础上逐步分解及优化，形成自己的方案。

场景一：身处传统成熟行业，撰写新媒体运营方案，一般会从微信公众号、视频号、抖音等平台切入。这里以微信公众号为例，一方面因为微信公众号运营相对成熟，写过此类方案的小伙伴可以根据这个框架复盘、总结和提升；另一方面因为该平台搭建得相对成熟，更有利于正在阅读的你理解和内化。一份完整的微信公众号运营方案一般包括以下几个部分。

①标题：X公司微信公众号运营方案。

②副标题：日期、姓名。

③目录：包含背景介绍、运营目的、运营定位、运营目标、运营计划、相关请示等。

④Part1 背景介绍：一段话描述方案的背景，说

明这是一个什么方案、计划解决什么问题、希望达成什么目的。

⑤Part2 运营目的：根据平台的发展阶段，分析这一阶段常见的微信公众号运营目的，具体参考案例，可以列举说明。

⑥Part3 平台定位：根据常见的运营目的，结合竞争对手对微信公众号的定位，对公司微信公众号的定位提出思考或建议，并说明为什么会有这样的思考和建议。

⑦Part4 运营目标：分析现状，基于这一现状，呈现运营目标的形成思路，基于形成思路概述将如何分步骤达成。

⑧Part5 运营计划：根据Part4的分步骤的内容，逐步分解每一步工作的执行方式，并说明如何评估工作结果。

⑨Part6 相关请示：在一些相对传统的公司里，可能在流程、资源的协调上，需要领导的确认及反馈，这里可以考虑将需要领导确认的部分单独提出来。

场景二： 身处创业公司，分工不太精细化，需要一个人身兼数职。同时还可能存在创始人的认知与执行者有一定差异、人才及资源匮乏等情况。在这种情形下，一方面公司会严格控制成本和时间，另一方面也没有较多的试错成本，因此对运营人员的要求相对较高。这里以抖音为例，构建创业公司的抖音运营方案。

①标题：X公司抖音运营方案。

②副标题：日期、姓名。

③Part1 背景介绍：业务现状概述。

④Part2 目标运营平台分析（即抖音平台分析）：市场分析、竞争对手分析、用户分析、平台规则分析等。

⑤Part3 抖音运营的目的及目标：目的是什么，计划在什么阶段达成什么目标。

⑥Part4 具体落地计划：如何分步骤、分阶段开展工作。

⑦Part5 预计达成的效果。

⑧Part6 可能存在的风险及预防措施。

4）案例分析

新媒体方案的撰写，根据公司背景的不同，遇到的问题也不同，具备互联网基因的公司的方案撰写相对容易，而一些创业公司在开展新媒体运营时会走更多弯路。我对自己的定义是一个"务实的运营草根"，所以在"破译新媒体方案"这一节中，我也选取了一个草根创业案例，因为这样的案例可能正发生在我们身边，甚至我们就是其中的一员。

①案例背景介绍

案例选取的是一家提供金融居间服务的公司的抖音账号——重庆北鼎企业咨询服务，如图 2-2-2 所示。创始人光明哥曾经在银行工作。该公司提供的金融居间服务主要是为金融产品的买卖双方提供撮合与对接的服务，此类服务具备一定的地域属性。在分析这个案例之前，我与创始人深入沟通过，他们的前期业务主要集中在线下，考虑到业务需要发展和突破，因此计划以抖音短视频为切入点，发展线上业务。

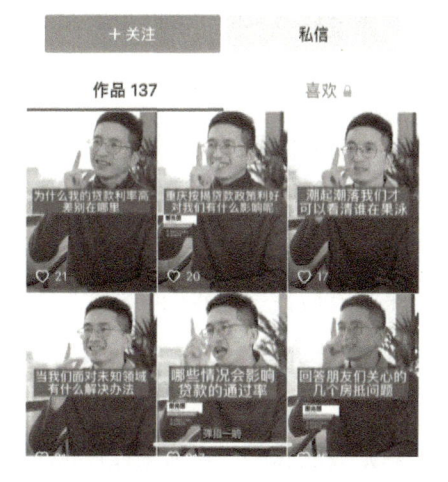

图 2-2-2 重庆北鼎企业管理咨询服务有限公司的抖音账号

②案例情景假设

根据上述案例背景的介绍可以看出,这家公司的

第二章 我们写过的和将要写的方案 037

线上业务其实刚刚起步，在定位、内容方向、推广策略、数据监控，甚至是人员分工上可能都还不成熟。因此创始人可能会寻求专业人才或团队合作。假设你就是刚入职这家公司半个月，负责抖音平台的运营人员，在对上述内容进行思考和分析以后，准备撰写抖音运营方案。你计划如何撰写？

③案例方案撰写

在实际撰写该方案时，我们需要先进行思考和梳理，然后根据前文提到的路径进行撰写。

第一步，思考价值观。在为该公司撰写抖音方案时，作为这个方案的负责人，我们应该秉持什么样的价值观？这个价值观就是这个账号应该具备的灵魂和展现出来的气质，也是我们发布内容的准则。通过分析可以看出，在价值观层面，我们仍然要保持专业、客观、平衡。专业是指我们所发布的内容至少不能有谬误；客观则要求我们对事物进行评论时能站在第三方的角度；平衡则要求我们在流量与责任之间找到平衡点。

第二步，思考需求层次。定义需求层次的目的实际上是希望解决和满足用户的需求,而解决和满足用户的需求,则是通过我们的信息传播完成的。因此,我们需要分析用户需要什么,有什么需求可以被我们解决。这里我们可以尝试使用乔哈里视窗(Johari Window)。乔哈里视窗是一种与沟通有关的技巧和理论,该理论将人际沟通的信息比作一扇窗户,它包含四个区域:开放区、隐秘区、盲目区、未知区,而要想达成有效沟通就要将这四个区域有机融合。我们在分析用户需求时,除了考虑用户的需求层次处于马斯洛需求层次理论的哪一层,还可以尝试用乔哈里视窗进行分析,针对不同情况开展不同的运营策划,如表 2-2-2 所示。

表 2-2-2 应用乔哈里视窗分析用户需求

	我们知道的	我们不知道的
用户知道的	开放区 (非重点运营内容)	盲目区 (需要我们去了解的内容)
用户不知道的	隐秘区 (重点运营内容,满足用户安全需求)	未知区 (我们需要持续学习和探索的内容,满足用户认知需求)

第三步,根据前文提到的分析和解决问题的技术,对"是什么、为什么、怎么做"的问题进行分析。可

以尝试用表格或思维导图的方式，列出所有问题的初步答案，为实际撰写做准备。在这个过程中还需要与公司负责人及核心团队进行反复沟通，收集并整理相关信息，避免与实际情况脱节。

完成这三步以后，就可以立即开始方案的撰写工作了。在前言中，我提到在遇到任何需要规划、落地的项目时，都不要使用模板，而是尽量去思考、分析，要知道"是什么"，更要知道"为什么"。所以在实际撰写方案的时候，对于每一部分的思考方式，我都会进行说明，通过呈现不同场景对思维模式进行内化，同时弱化工具和细节这两个要素。因为工具与细节在不同企业和不同行业中会存在差异，但思考方式不会变。

重庆北鼎企业管理咨询服务有限公司抖音运营方案

(2021年2月1日 June)

Part 1　背景介绍：业务现状概述

入职半月以来，我对公司目前发布的视频进行了详细研究和分析，希望能在总结经验的同时，为抖音运营打下基础。我司目前共计发布视频 X 条，本方案选取近一个月的 30 条视频进行分析。

其中播放量超过 10000 次的视频有 6 条，播放量不足 1000 次的视频有 7 条，平均播放量为 7796 次。点赞量 100 次的视频共 8 条，其中有两条超过 1000 次；平均评论量为 31 条，其中有 2 条视频的评论超过 100 条；平均分享量为 7 次，其中一条的分享量超过 100 次；平均主页访问量为 69 次，其中有 5 条视频带来的主页访问量超过 100 次。完播率维持在 10% 左右，有 4 条视频的完播率超过 20%。

同时，依据公司的发展战略，为支撑公司业务开展，针对数据较好的视频，我做了进一步分析，探索更适合公司的抖音运营思路和方式。字节跳动算数中心 2020 年 1 月发布的《数据报告》显示，抖音有 4 亿日活跃用户，这个数据一方面说明用户活跃度高，另一方面说明用户黏性非常足。只要我们做短视频运营，不论客户来自什么区域，抖音平台一定是一个不能错过的平台。

Part 2　目标运营平台分析

抖音 App 是一款社交类软件，通过抖音短视频你可以分享你的生活，同时也可以在这里认识更多朋友，了解各种奇闻趣事。抖音本质上是一个专注于年轻人群体的音乐短视频社区，用户可以通过选择歌曲，配以短视频，来创作自己的作品，同时可以通过视频拍摄手法、视频编辑、视频特效等技术让视频更具吸引力。

基于抖音App的社交属性分析，内容及算法是该平台的两大要素，基于用户的"兴趣"，利用算法为用户推荐更适合的内容。在算法的定位上，平台应该对用户的标签及账号的标签进行了双重匹配，用户的标签来自对用户喜欢内容的分析，账号的标签则来自用户发布的视频。根据这两者，我们就能精准地找到目标用户。这也是我们知道但用户不知道的信息。

但值得注意的是，抖音的视频是直接呈现在用户面前的，所以当用户看到这个视频时，在一定程度上创作者的存在感也被弱化了，因此要真正打造一个金融居间服务账号，可能需要一个较长的过程。

结合上述情况，我们对部分竞品进行了分析，有几个方面值得我们学习。首先竞争对手采用一个主账号与多个子账号协同的模式开展工作；其次针对抖音平台对创作者信息的弱化，我们发现竞品在流量私域化上花了不少心思，用户可以直接快速地联系到创作者；最后在内容层面，从文案、策划、制作等环节来看，竞品团队已相对成熟，具备稳定的产出能力。所以我们可以尝试从这几个方面，采用倒推的方式，完善公司的运营流程及细节。

Part 3　抖音运营的目的及目标

根据我对公司业务的理解，公司在抖音平台的核心运营目标是获客。所以对于获客，我们需要进行更深层次的分析。从需求层次理论来看，除了生理和安全需求，其他的需求均属于精神需求。很多时候，运营会将用户的这些精神需求具化为交友欲望、参与感、成就感等，因此我们鼓励用户分享、引导用户原创内容、建立用户等级……在我们运营的过程中，最需要满足的用户的精神需求，一个是安全感，另一个是成就感。一方面我们的内容需要给用户带来安全感，另一方面也需要让用户有成就感。

需求层次的结构是同经济、科技、文化和教育发展程度直接相关的，发展中国家的需求层次结构是金字塔型，发达国家则是橄榄型。对于国内广大用户来说，生活在物质匮乏年代的60后、70后可能是金字塔型，生活在消费升级时代的90后、00后可能是橄榄型，他们的主要需求是不一样的。在我们开展金融居间服务账号运营的工作时，安全感可能是60后、70后的刚需，成就感应该是90后、00后的刚需。

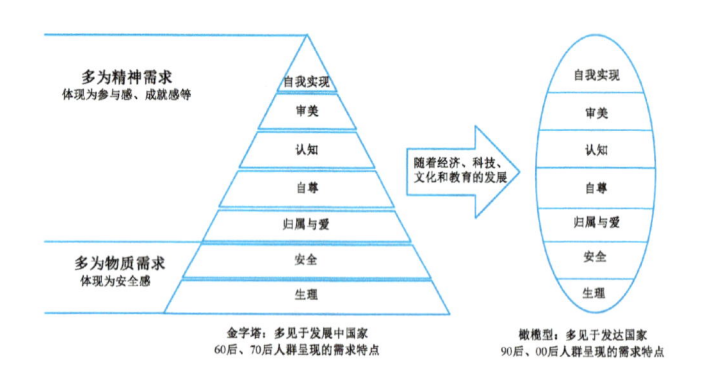

多为精神需求
体现为参与感、成就感等

自我实现
审美
认知
自尊
归属与爱
安全
生理

随着经济、科技、文化和教育的发展

自我实现
审美
认知
自尊
归属与爱
安全
生理

多为物质需求
体现为安全感

金字塔：多见于发展中国家
60后、70后人群呈现的需求特点

橄榄型：多见于发达国家
90后、00后人群呈现的需求特点

基于此，我们需要对内容进行细分，形成固定的模式，以便于用户传播。然后分析转化情况并不断迭代，如此循环，找到最优的分配方式。

Part 4　具体落地计划

首先完成目标用户梳理。包括目标用户群体分析、目标用户群体画像、目标用户群体场景分析、竞品用户群体和其他情况分析。

其次完成账号的基础信息梳理及更新，包括账号详细介绍、推荐语、引导语等。完成账号头像、引导图、横幅等的设计与确认。同时整理子账号的信息，保证流程畅通。

再次确认前期宣传准备。包括已有的官方账号，如微信视频号的建立、认证、维护，等等。同时梳理公司通讯录，并对通讯录进行分类，准备相应的推广话术。确认后续视频的相关信息，包括选题、策划、拍摄等，保证视频发布的周期，并争取请身边的达人及有影响力的素人帮忙传播。在有余力的情况下，可以去百度贴吧、百度知道、百度文库、知乎问答等渠道有选择性地露出视频，并对最终承接流量的微信号进行维护，用于与用户互动，为用户答疑解惑，以及收集反馈信息等细节工作。

然后尝试招募种子用户。在这个阶段要注意不要急于将全部力量用于推广，可以倾斜一部分资源在种子用户身上，收集用户的建议和反馈信息。因为一旦内容不能获得用户认可，不仅浪费人力物力，还会得到差评。这样一方面会导致品牌口碑变差，影响业务发展，另一方面以后若再想召唤这些目标用户群体，就难上加难了。这个阶段的目标是用户的质量，而不是数量。

最后，我们将逐步进入业务中期。在这个阶段，用户需求已得到验证、用户自发的分享和评论已经出现、拥有了一定市场份额、开始被竞争对手模仿学习，这时我们就可以开始大力推广。此时的工作重点是账号的优化、爆款视频的策划、跨界合作、尝试专题直播、策划主题活动等。

其间，我们要全程做好数据监控与分析，并及时调整方案。可以针对数据进行现状分析、原因分析及预测分析，在进行现状分析时可以采用对比分析法、平均分析法及综合评价法；在进行原因分析时可以采用分组分析法、结构分析法、交叉分析法、杜邦分析法、漏斗图分析法及矩阵关联分析法；在进行预测分析时，则需要用更专业的数据分析方法。因此在工作开展之初，我们就需要建立相应的数据分析体系，通过分析数据为工作提供支持。

Part 5　预计达成的效果

预计达成的效果可以分阶段评估。第一阶段主要是打通业务流程，建立线上线下导流体系。即从信息传播到用户主动联系，然后反馈到客户管理部，通过沟通最终确认客户方案的整个流程。在这个阶段，我们主要分析与用户相关的数据，预计持续 3 到 6 个月，该阶段的数据分析完成后，根据数据表现制订第二阶段及其他阶段的效果评定标准。

Part 6　可能存在的风险及预防措施

因为我司不具备互联网基因，因此目前正在打造的业务模块属于相对陌生的领域，人员的招聘、培养可能是目前面临的困境，也可能会是今后的风险所在。当人员逐步成长后，可能会被更好的平台吸引而离开，公司极有可能进入新一轮的人才招募与培养周期，并持续这一循环，因此需要针对人才的招聘及育留问题做专项讨论。

03
工作模块执行方案

不同企业、不同行业对方案的要求不同。有的小伙伴可能刚入职,在什么都不懂的情况下就被要求撰写某个板块的执行方案;有的小伙伴可能工作三年还没有写过任何方案。因此为了确保本书对"0 到 5 岁"职场人有参考价值,我特意增加了工作模块执行方案这一节,与其他类型的方案相比,将更具通用性。

说到工作模块执行方案,以人力资源管理为例,通常分为六大工作模块:人力资源规划、工作分析、人员招聘、绩效管理、培训与发展、薪酬与激励。如果我们针对"培训与发展"模块拟定一个方案,那么不论培训周期长短，它都可以视作该工作模块的标准方案。

1）路径回顾

价值观——定义需求层次——分析和解决问题的技术——具体执行

2）思考过程

第一步，在撰写工作模块执行方案时，想想你是否有过这样的想法：工作直接做就行了，为什么还要写方案呢？因此对于工作模块执行方案的撰写，仍然需要思考价值观。在撰写工作模块的执行方案时，我们至少要做到"态度端正"。因为工作模块执行方案的撰写，一般是在大的工作目标相对清晰的情况下，分解出自己所负责的独立模块，拆解好这个独立模块，才能更好地支持总目标的达成。

第二步，在工作模块执行方案的撰写中，仍然存在需求定义的问题。因为我们所开展的每一项工作都因为"需求"而存在，这个需求转化为工作目标就是让目标用户达到身体与意识的平衡。那么从生理需求、安全需求、归属与爱的需求、自尊需求、认知的需求、审美的需求、自我实现的需求来看，我们在撰写工作模块执行方案时，主要是为了解决安全需求和认知的需求。让制订大的工作目标的人觉得"安全"，从而能够无偏差地执行任务，确保目标达成；让参与的人能够快速了解形势，各司其职，提升工作效率。

第三步，使用分析和解决问题的技术。与前文一样，仍然从"是什么、为什么、怎么做"入手做分析。"是什么"，要了解大的工作目标是什么，自己在这个大目标框架下的职责是什么，自己执行的模块将如何支持大目标达成；"为什么"，需要明白执行该项工作的目的及目标；"怎么做"，需要分析具体执行方法，确认以什么样的指标来评估我们是否达成目标，以及设置什么样的流程来支持目标的达成。其思考过程如表 2-3-1 所示。

表 2-3-1　撰写工作模块执行方案时分析和解决问题的思考过程

是什么	我们的大目标，即总体目标是什么
	根据我目前的工作职责，我需要做什么
	我对相应的概念的定义是什么
	我所负责的工作板块处于大目标的第几个层级
	我对现状分析结果如何

续表

为什么	为什么需要对大目标进行分解
	为什么我会参与大目标分解
	为什么需要呈现和展示工作模块落地过程
怎么做	该模块的工作具体执行的方法有哪些
	什么样的指标可以评估我们是否达成目标
	需要什么样的流程来支持该目标的达成
	需要什么样的资源来支持目标的达成

第四步,落实具体执行计划。根据前文的分析,相信你也能感受到,与新媒体方案相比,工作模块执行方案比较简单。因此,在工作模块执行方案的实际撰写中,我们只要掌握几个重点,就能确保该方案基本达标。一是对于大目标的理解,需要与沟通对象达成一致,这样才能确保在执行具体模块时不会出现大的偏差;二是对现有的资源(包括人力资源)进行盘点,确认是否能够支持工作的执行;三是认真评估工作模块执行效果,制订合理的指标对其进行评估,解决上下认知不一致的问题。

3)撰写框架

以上思考过程,落实到具体工作中可能会有所变化。这里我仍然会描述一些既定的场景,以帮助大家达到学习及练习的目的。

场景一:假设你刚好身处智能硬件行业,公司一直靠销售智能硬件产品营利。为了提升公司产品在市场上的竞争力,公司刚刚确认了整体目标——打造公司的产品力,各个部门都开始研究和分析如何打造产品力,你所在的部门负责用户运营,运营对象包括App、社交媒体等用户群体。听到这个消息后,你开始研究产品力,直属领导也和你沟通了详细情况,并希望你能撰写一个关于如何提升App产品力的方案。基于此,该方案的框架大致如下。

①标题:H公司App产品力打造方案。

②副标题:日期、姓名。

③Part1 背景介绍:我们理解的产品力是什么。

④Part2 部门目前的情况如何:结合部门目前产品、用户等情况,针对产品力定义进行分解及说明。

⑤Part3 部门的产品应该如何打造产品力:根据对产品力的理解和对部门情况的分析,你对打造产品

力的想法和建议是什么，计划怎么做。

⑥Part4 用什么样的指标评估产品力打造情况。

⑦Part5 需要什么样的资源支持产品力打造。

场景二：公司业务正在蓬勃发展，通过社招引进了很多人才，为了帮助这些人才快速融入团队，公司决定组织一系列培训。运营推广中心安排你给新人做培训，讲解运营推广中心的工作开展情况。你需要思考如何通过介绍该板块工作，帮助新人快速理解公司业务内涵，为他们融入公司奠定基础，提升后期沟通效率。你对培训方案进行梳理后，整理出如下框架。

①标题：A公司新人培训之运营推广中心业务介绍。

②副标题：日期、姓名。

③Part1 培训回顾：公司安排了哪些培训，培训体系大致是什么样的，目前运营推广中心的培训处于哪一环，这个培训的目的是什么。

④Part2 运营推广中心介绍：介绍部门的业务情况；介绍部门目前的工作重点、团队成员及分工。

⑤Part3 具体工作内容介绍：按照目前的工作情况，部门主要承担哪几项职责，分别是如何推进的。

⑥Part4 行业发展情况概述：根据部门目前的业务开展情况，在行业内有哪些值得我们学习的对象，他们做得如何。

⑦Part5 小结及答疑。

4）案例分析

这里以场景一为例进行案例分析及撰写。前文已经提到公司处于智能硬件行业，一直靠销售智能硬件产品营利。为了提升公司产品在市场上的竞争力，公司刚刚确定了年度整体目标——打造公司的产品力，直属领导希望你能撰写一个关于如何提升App产品力的方案。

H 公司 App 产品力打造方案
(2020年7月1日　June)

Part 1　背景介绍

我们理解的产品力，是产品对用户的吸引力。因此我们需要关注产品、用户及吸引力，针对这三者进行分析和探讨，可以帮助我们构建产品力。

Part 2　部门目前的情况

产品定义：结合公司战略及用户需求，我们部门的"产品"出发点应该是链接和解决用户需求。因此，我们的产品是软件产品和数据产品互联网化的运营过程，在这个运营过程中，利用数据满足并挖掘用户需求，最终向用户提供高效服务。

用户定义：根据目前公司资源、硬件产品的定位，理论上我们无法满足全世界所有用户的需求。因此，我们的用户是想要通过"智能""科技"改变生活的一群人，这群人是在不断变化和成长的。我们要在运营过程中，不断完善用户画像，帮助后端更好地理解用户，制定决策。

吸引力定义：有了上述产品和用户需求，我们就要将产品和用户链接起来，要产生链接就要有吸引力。我们打造吸引力的切入点就是使产品从用户的需求变成用户生活的一部分。在这个过程中，用户体验良好、有共鸣，从而对产品、品牌产生信任与依赖。吸引力针对不同的人，在整体上是相同的，但在细分层面的体现形式是多样的。

Part 3　部门的产品应该如何打造产品力

战略支持：建立有效的用户联系及互动机制，获取用户对品牌、产品的负向反馈及正向肯定，以帮助我们快速定位漏洞和问题，降低公关、研发成本。

生态支持：有创新点并借此吸引一批忠实用户。核心用户与产品一起成长，可以指导我们的战略和产品路径，让我们在竞品中保持领先。

平台支持：推进和完成公司平台型产品核心操作链路的整体设计优化。产品架构的好坏直接影响产品未来的拓展性和业务发展。根据商业模式、运营策略和用户需求进行平台型产品设计，再通过一些工具（或平台）不断更新优化，增加用户黏性，实现营收。

商业支持：向用户提供有效的服务闭环。与用户进行交互，跟踪用户整个生命周期的行为，倾听并支持用户需求，进而提供个性化服务，减小用户等待、犹豫和负面感受产生的可能性。

营销支持：超强的互联网线上渠道运营能力。对渠道运营的深度、广度和过程有能力进行把控（包含目的、预算、策略、监控、优化及结果呈现等）。

Part 4　用什么样的指标评估产品力打造情况

用户层面——用户数量、用户活跃度及留存率。目前用户量为 X 万、月留存率为 $X\%$、月活用户 X 万、日活用户 X 万（峰值 X 万）。依据三年后用户到 XX 万的战略，日活至少需要超过 XX 万。

服务层面——用户投诉情况及用户流失率。现阶段严格来讲无法观测用户流失率：一是平台数据不完善，二是 App 本身的设备控制功能比较突出，但用户运营功能极度不完善。对于基础的用户反馈，已经及时进行了处理。后期要针对投诉的处理时效性、处理方式做出明确要求。对于用户流失率，行业内目前没有统一的标准，在 App 自身完善后，应根据每一个季度的流失率，制定相应服务标准，对其进行规范和执行。

渠道层面——用户新增情况及品牌指数。用户新增数量需要保持持续增长，因此下个季度需要将分享、邀请、裂变体系搭建完成。前期的用户新增主要依赖智能硬件的销售，中期依赖用户邀请及裂变，后期依赖产品及品牌本身的影响力。而产品及品牌影响力的建立及传播，都需要使用渠道，因此对战略合作渠道的累积及合作深度和广度都要有要求。

营收层面——产生的可量化营收额。根据 App 的销售战略目标来看，需要在今年将营收能力体系搭建完毕，明年达到营收 XX 万元，后年要具备翻三倍的能力。针对这一目标，还需对比其他自营平台的情况，做可行性评估。

Part 5　需要什么样的资源支持产品力的打造

分析：在了解用户层面，前期需甲团队的支持，对智能产品用户进行分析，结合已有的数据做出画像；后期随着用户的增长，数据积累增多，需要完善数据后台以支持可视化分析，同时建立与甲团队的良好配合关系。

处理：在吸引用户层面，需要有营销物料及固定的预算，确认"产品力"的定义及指标后，制订具体规划，同时需要与甲团队进行讨论。

实现：在传递用户层面，与销售环节打通，提升获取用户的概率,同时建立渠道库,但在渠道库的建立过程中可能存在试错成本。

闭环:在留住用户层面,需要有一个载体。有的载体是平台,有的载体是社交账号。我们的载体肯定是平台,这个平台不是单一的,而是体系化的,产品经理需要对其进行规划和沟通,研发团队需要配合实现。

综上,整体需要的资源主要是人力资源。为了确保相应工作顺利开展,初期可在各团队或各地区设置统一对接人,进行需求分解、交叉办公及交流,慢慢形成固定的流程。对于人力的要求,希望具备以下几种能力:一是解决问题的能力,即运用观念、规则和一定的程序方法对问题进行分析并提出解决方案的能力;二是挖掘需求的能力,能洞察和理解用户确定的、客观的需求背后的原理,通过用户研究对其进行检验和确认;三是沟通能力,即运用文字、口头语言与肢体语言等与团队、用户进行交流的技巧;四是综合知识能力,如跨行业、跨岗位的知识与经验。此外,在选拔时还需要考虑其是否认同公司愿景、使命和价值观。

04
竞品分析也是方案

竞品分析应该是大家十分熟悉的一项工作，其往往作为常规工作项贯穿我们工作始终。我们开展竞品分析的一般目的主要是寻求更多的商业突破，需要在把握市场发展趋势的基础上，通过对比市场竞品，研究发展差距、总结经验策略。提到竞品分析，我们就需要思考：分析谁，为什么分析，通过分析得出了什么结论。

我对"什么是竞品分析"这个问题的理解比较简单，就是指通过分析竞品的情况及变化，找到可以借鉴的部分或者需要避开的"坑"。这样看来，做竞品分析的好处显而易见：了解市场动态、格局和细分市场的机会，获取灵感、吸收经验，进而策划出更优秀的活动。

要想判断我们的竞品分析方案是不是好方案，就要看能不能实现撰写竞品分析方案的目的。撰写竞品分析方案的核心就是"先全面后个案，由整体到部分"，"全面"要求我们尽可能把产品找全，"个案"要求我们要做到精选，精选时我们需要有标准，这个标准要根据数据来确定。

当然，在撰写竞品分析方案时，我们不能只立足于自己所从事的岗位，比如互联网行业的运营人员在做竞品分析时，一定要结合自己对产品的理解。因此在竞品分析中，产品与运营往往是紧密结合的，要基于产品去分析和思考运营的方法。

1）路径回顾

价值观——定义需求层次——分析和解决问题的技术——具体执行

2）思考过程

第一步，在撰写竞品分析方案的时候，价值观仍然比较重要，一是对事实要有客观的判断，二是要有深入探究的精神。我们在每一个案例情景中都会提到价值观，价值观是开展一切活动的基础，其重要性无论如何强调都不为过。一位市场营销教授曾提过，市场营销活动的理论体系包含 1 个理念、2 个维度、3 个思想、4 个策略、N 个方法，其中 1 个理念就是以顾客需求为导向。现在很多公司都将"为客户创造价值"作为公司的价值观内核，也就是它们经营活动的底层逻辑。所以在撰写任何一个方案、解决任何一个问题时，价值观都是需要强调的重点。

第二步，思考竞品分析方案的需求层次。根据前文提到的需求层次理论，竞品分析方案的需求层次主要包含认知需求和自我实现的需求。

第三步，使用分析和解决问题的技术。分析和解决问题的主要思考路径是"是什么、为什么、怎么做"，这一路径不会因为方案内容的改变而改变。目的是让别人知道我们在解决什么问题（是什么）、为什么要解决这个问题（为什么）、制订了什么解决方案及计划如何执行该解决方案（怎么做），如表 2-4-1 所示。针对竞品分析，解决问题的逻辑相对简单：我们计划分析谁，我们为什么要分析它，通过分析得出了什么结论及对我们有什么启发。

表 2-4-1　撰写竞品分析方案时分析和解决问题的思考过程

是什么	我们处于哪个行业 这个行业的标杆是谁 这个行业有巨头吗 根据上述几个问题，我们选择哪几个竞品来分析 这一次竞品分析的目的是什么
为什么	通过竞品分析，了解市场及用户情况 通过竞品分析，发现市场机会 通过竞品分析，制订公司策略
怎么做	罗列竞品并选择 1～2 个最核心的产品 确定分析维度：市场情况、产品功能、运营策略等 通过体验、对比、推断、测试等手段获取竞品数据 在条件允许的情况下开展小范围调研及沟通 输出竞品分析报告

第四步，落实具体执行计划。竞品分析方案在执行上对信息搜集和检索的能力要求比较高，要在获取数据以后才能开始具体的撰写，所以这里重点介绍一下数据获取方式。获取数据的方式包括：自主测量和

抓取数据；体验产品，记录数据变化；用已知的数据进行推测；分析公开数据报告、文章报道；从艾瑞、易观、企鹅等智库查找信息；进入竞品的种子用户群；与工作人员加强沟通等。

3）撰写框架

在框架的撰写上，依然按照"是什么、为什么、怎么做"的路径来思考。先说明整体情况和发展背景，根据对市场的描述和不同国家与区域的情况，明确行业格局及主流竞争对手的情况。据此得出分析结论：可以进入哪一个细分领域、目前在做什么、有什么问题、与目标之间有什么差距、如何缩小和目标的差距等。

按照上述思考过程，一份竞品分析方案一般包括以下几个部分。

①标题：Y 公司 Y 产品竞品分析方案。

②副标题：日期、姓名。

③Part1 分析对象基本情况介绍。

④Part2 透过分析对象看市场趋势。

⑤Part3 分析对象有哪些措施值得学习。

⑥Part4 针对我司业务，应该如何落地这些措施。

4）案例分析

在分析竞品分析方案的过程中，我回顾了我做过的大大小小的竞品分析方案，深切感受到多年来的各种基础性思考对我的帮助，作为一个情商和智商都不算高的人，我相信坚持的力量。所以在本节的案例分析环节，我选择了一篇之前发布在鸟哥笔记的文章，一是因为这个方案的分析相对全面，二是因为发布之后反响不错，说明通过了市场的检验。

音遇 App 竞品分析方案
(2018年12月1日　June)

Part 1　分析对象基本情况介绍

音遇，是2018年9月20日发布的一款社交App，在2018年11月21日冲到了免费榜16名，社交榜第2名。音遇的官网这样介绍音遇：来音遇，和爱豆的粉丝们一起抢唱竞技，拼热爱值！周杰伦、林俊杰、张靓颖等众多当红明星专场等你一较高下。多人实时在线匹配，隔壁小姐姐已经准备关注你了，还不快去送个礼物撩一下！

通过对音遇功能的体验和分析，可以看出音遇其实不单纯是社交 App，而是一款音乐+交友+直播+游戏模式的 App。运营人员在音遇中将"屏娱乐"时代的用户需求和市场动态变化的要求进行了联结。其运营体系如下图所示。

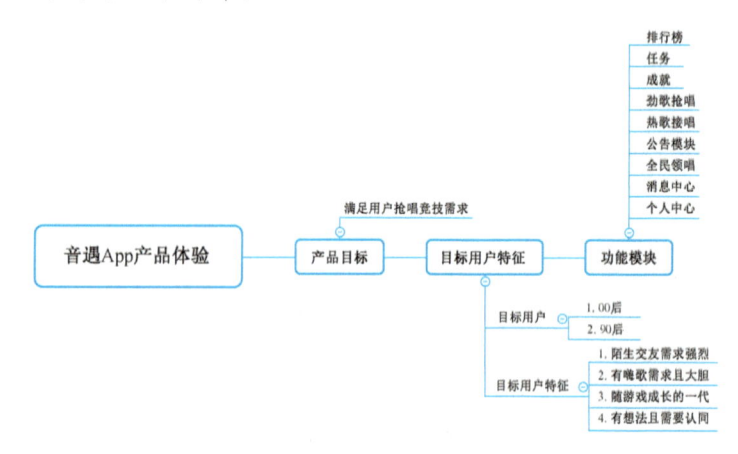

```
音遇App产品体验 ── 产品目标 ── 目标用户特征 ── 功能模块
                满足用户抢唱竞技需求                    ├ 排行榜
                                                    ├ 任务
                                                    ├ 成就
                                                    ├ 劲歌抢唱
                                                    ├ 热歌接唱
                                                    ├ 公告模块
                                                    ├ 全民领唱
                                                    ├ 消息中心
                                                    └ 个人中心

                        目标用户 ── 1. 00后
                                   2. 90后

                        目标用户特征 ── 1. 陌生交友需求强烈
                                      2. 有唱歌需求且大胆
                                      3. 随游戏成长的一代
                                      4. 有想法且需要认同
```

Part 2　透过分析对象看市场趋势

在我们觉得一个领域红利即将消失时，常常会突然杀出几匹黑马。例如，在微信公众号大盘打开率只有约 3% 的时候，仍然有人能写出点赞 10 万+的文章；

在我们觉得社交红利已经被瓜分得差不多的时候，音遇上线并反响热烈。为什么音遇可以杀出重围？答案显而易见：它面向用户提供了游戏化的音乐直播社交场景。

音遇所联结的用户需求及市场动态变化要求，从需求层次理论来看，除了部分生理和安全的需求，均属于精神需求。很多时候，运营人员会将这些精神需求判断为交友需求、参与需求、成就需求等，于是我们鼓励用户分享、引导用户原创、建立用户等级等，但有一点容易被忽视，那就是需求层次结构，其是同经济、科技、文化和教育发展程度直接相关的。相比底层的生理需求（温饱），社交才是90、00后的刚需，这一点我们之前也提到过，他们的主要需求与60、70后是不一样的。

值得注意的是，随着用户的成长和市场的变化，用户的需求也会变化。所以传统意义上的迭代升级一方面是为了优化产品，另一方面是为了跟随用户、市场成长。而有些需求的出现是颠覆性的。

这也是为什么伴随着游戏成长的90、00后，对于"屏娱乐"时代的社交提出了更高的要求。同时,我相信这些要求还有继续挖掘的价值。因为从需求角度来看,音遇可以看作全民K歌面向新生代的娱乐升级版。年轻群体自我意识膨胀,交互需求上升,在即时交互技术允许的情况下,他们将无限倾向于寻求即时"存在感""归属感"和"趣味感"。

Part 3　分析对象有哪些措施值得学习

音遇是一款音乐+交友+直播+游戏模式的App。经常跟踪热点的运营人员肯定知道这四个词都属于高热度的词。所以音遇的运营人员肯定会从这四个维度去链接目标用户与产品。具体是怎么做的呢?其过程和方式又有哪些地方值得我们学习?

第一,不断向目标用户传递产品定位。音遇的目标用户是陌生交友需求强烈、有嗨歌需求且大胆、随游戏成长的一代,他们有独特的想法且需要被认同。针对这样的目标用户,运营是怎么传递产品定位的呢?

①文案:音遇在App Store中的描述,处处透露着90、00后的风格及诉求。我找了几个1985年以前出生的朋友和1990年以后出生的朋友,询问了他们

对这个描述的感受，1985 年以前出生的朋友表示太复杂，1990 年以后出生的朋友表示被吸引。

②注册：我当初在体验这个产品时，旁边刚好坐着一个 1993 年出生的女孩，于是我也请她体验了一下。在注册时，她才发现出生年月日的默认值是 2000-01-01。同时，注册时必须上传头像，头像作为一种社交符号，能进一步帮助用户表达自己。

③引导：整个 App 的引导内容，都十分符合目标用户的心态，例如，"每个人都有发声的机会"。在研究不同年代人群的特点时，曾有这样一种说法：70 后的激情被《中国合伙人》满足了，80 后的"闷骚"被《致青春》满足了，90 后的洒脱被《小时代》满足了，00 后好像还缺一部电影。也许我们还不是很了解 00 后，音遇也需要持续迭代和探索，才能更好地为他们服务。

第二，为这一定位寻找一张信任状——"你的爱豆在这里"。明星的影响力有多大，不仅超乎我们的想象，也超乎了微博的想象，很多明星都让微博"崩"过。因此，音遇在上线之前，就采用明星专场内测的方式，吸引明星的粉丝参与。

①通过官方微博与用户互动并收集意见。除了常规的用户互动和 App 介绍，还会收集用户喜欢的歌曲、想参加的专场及对 App 相关问题的反馈。目前音遇的粉丝有 2 万多，微博开通 4 个月以来，阅读量比较高的也是关于意见征集的内容。

②按明星设置 QQ 群并进行区分管理。曾经在分析面向 95 后的产品"最右"时，我们发现"最右"在 QQ 群的管理上做足了功夫，积累了大量的忠实用户。音遇在 QQ 群的设置及管理上也是如此，其按照明星对 QQ 群进行了划分，一方面便于内测，另一方面也能将不同明星的粉丝聚集起来。

③在 App 中设置明星专场。我翻看了音遇的公众号、头条号、微博、知乎、抖音的内容，发现基本都是从 4 个月以前开始运营的。从前期内测的获奖情况来看，设置专场的目的就是告诉用户，这里聚集的都是喜欢你"爱豆"的人，你们可以一起嗨唱。

第三，整合现有自媒体资源，面向目标用户制造内容。据艾瑞分析，知乎 30 岁以下的用户占比超过

50%。也就是说，在 50% 的知乎用户中，有很大一部分是音遇的目标用户。

在知乎上，音遇自称音遇君，主要采用回答"如何评价 XXX 歌手"这类问题的方式进行内容运营。第一次回答"如何评价清华大学多雷参加《中国新说唱》"就获得了 493 次点赞、182 条评论。之后又连续回答了多个类似的问题，涉及多个当红明星。在回答这些问题时，音遇君的分析维度相当专业且有深度。并且还会把话题往音乐的方向引导，比如在回答和黄渤相关的问题时，用了"歌手黄渤"这样的说法。

从知乎的内容运营情况来看，音遇君也在往微信引流。其微信公众号目前设置的菜单是"在线客服"和"App 下载"，所以引流的主要目的也是更好地解答用户疑问和推广 App。在 App 上线后，其知乎内容就中断了更新，应该是有的放矢，集中精力做 App 运营了。

除了知乎，音遇还抓取了今日头条的流量。音乐这件事，不是几个段子、几张图就能说明白的，所以在微信公众号流量难以获取的情况下，音遇很好地利用了今日头条这个平台。其微信公众号发布的内容，不论是阅读量，还是点赞量及评论量，都比较低。而其在今日头条发布的内容，格式相对固定，互动量也比较多。

Part 4　针对我司业务应该如何落地这些措施

作为运营人员，我们可以从音遇的内测和发布过程中学到什么？为什么音遇可以在这么短的时间内冲刺到榜单前三，这对我们有什么启发？

第一，将产品用户需求定位为90、00后的精神需求。我们今后在定位产品用户需求的时候，需要意识到，人们的需求是随着社会、经济的发展而变化的。

第二，产品在社交定位上，避免了与大平台的直接竞争，以音乐为社交货币，充分利用了音乐就是语言的特点。

第三，利用明星吸引新用户，通过开设明星专场，了解用户喜欢的明星，进而更好地管理用户。

第四，完善用户反馈通道，尽可能在满足目标用户在音乐社交方面的需求的前提下，通过让用户提意见，更高效地完善产品功能。

第五，合理利用自媒体平台，对各平台要达成的目标进行规划，充分利用各平台的功能与资源，建立运营侧重点。

第六，运营体系化，充分考虑用户的状态，在致力于用户增长的同时注重留存，为产品的长远发展打好基础。

05
独立项目运营方案

曾有一些机构邀请我开通付费课程,出于种种原因,我都拒绝了。主要还是因为我不清楚自己能讲什么,能讲好什么,所以在写这本书之前,我对自己进行了深度剖析,我认为自己在逐步靠近解决问题的底层逻辑,这个底层逻辑支持我完成各种项目。就独立项目运营方案而言,也是如此,即使项目千变万化,思考的方式始终如一。

你是否见过或经历过这样的场景:一个入职 2 年的运营人员坐在地铁上,刷完朋友圈,打开抖音、微博……越看越兴奋、越看越焦虑。最后抬起头,走出地铁，周围虽然拥挤，却仿佛没有人。他一心只想晚上回家学习视频剪辑、尝试写文章、建立自己的圈子，毕竟"八小时之外"更重要！回到家的场景，我们不做过多设想，但可以肯定的是，真正能坚持用好"八小时之外"的人应该比较少。如今有太多的内容想要转移大家的注意力，我们几乎没有时间深入思考。

所以，有时我很庆幸在我刚入行的那几年，自媒体少、诱惑少，能够让我静下心来把一个 Word 文档、PPT 方案改上十几遍。现在，如果一个入职 2 年的运营人员写不出方案，网络上就有大量模板在"诱惑"他，那么到最后，他仍然学不到底层逻辑，只要一提到写方案，就条件反射般地找模板！其实不管是做 To B 还是 To C 业务，当你明白什么是底层逻辑后，你开展工作的思维方式一定会发生迭代。

底层逻辑这个词经常被很多人提起。公司有公司的底层逻辑，人也有人的底层逻辑，每一项工作也有每一项工作的底层逻辑。每个人的底层逻辑，应该很容易理解，就是价值观。虽然我们常说价值观没有对错，但作为底层逻辑来讲，肯定有优劣之分，因为一个人的价值观影响一个人的认知，一个人的认知影响一个人的眼界，一个人的眼界决定他的"天花板"。

那对于每一项工作的底层逻辑应该如何去理解和思考呢？我们用几个常见的场景来简单说明。

场景一：活动策划方案撰写

A. 表层思考：活动策划方案包含活动目的、活动背景、活动流程、活动形式、活动成本、风险预估等内容，搭建完方案框架后便可以开始填写内容。

B. 底层思考：首先思考活动目的是什么，换句话说就是为什么要做这个活动。在没想清楚之前，不要盲目去思考活动形式、活动流程等其他内容。其次思考活动方式，也就是为了达到活动目的，有什么样的方式可以选择。最后对活动流程进行梳理，哪些步骤是可以优化的，哪些流程还能够继续简化。

场景二：微信推文撰写

A. 表层思考：思考用户喜欢什么，有什么热点可以借助，然后搭建文章框架，开始撰写。

B. 底层思考：爆款文章的写作逻辑是什么，标题与开头有什么特点，选题是怎么来的，希望这篇文章能给用户带来什么价值。基于这几点思考，再看有哪些热点可以借助，最后根据用户的喜好，搭建文章叙述框架，撰写内容。

场景三：离职跳槽分析

A. 表层思考：出于薪资不理想、工作不顺心、地理位置不方便等原因，提出离职申请。

B. 底层思考：发现自己有离职的想法，罗列可能导致此想法产生的全部原因，包括薪资、工作环境、通勤距离、领导、行业发展，等等，按照自己在意的程度，排列优先级。评估目前所在的岗位和想要去的岗位，根据前三项的满意程度，决定是否跳槽，什么时间跳槽，跳到哪里去，而不是无意义地低效率循环思考。

经常有一些读者跟我抱怨，说自己是做 B 端运营的，可参考的资料比较少，想学习都找不到对象。这确实是一个问题，但不代表没有解决方案。对于 B 端和 C 端运营而言，运营的底层逻辑是一样的，只是表述方式不同。**无论是 C 端还是 B 端，都存在拉新、留**

存、活跃、成熟、流失等阶段。以拉新为例,我们将 C 端运营和 B 端运营进行对比说明,如表 2-5-1 所示。

表 2-5-1　C 端和 B 端在拉新阶段的运营底层逻辑对比

	C 端	B 端
画像分析	思考用户画像,清楚自己的目标用户是谁	首要考虑客户是谁
场景分析	目标用户可能出现在哪些场景中	考虑客户产生需求的场景
用户行为	在这些场景中,用户有什么目的	在这些场景中,客户通常如何寻找服务
服务分析	在这些场景中,用户可能有什么痛点	如何让客户搜索到我们提供的服务
关键步骤	针对这些痛点,应该怎么去设置拉新动作	被搜索到以后,如何让客户主动联系我们
内容准备	用什么内容去触发拉新动作	用户在联系我们时,如何降低门槛、引导拜访

事实上,只要我们在思考过程中要求自己道先于术、反复训练、多问"为什么",就一定能具备透过现象看本质的能力。带着对于底层逻辑的理解,我们来撰写独立项目运营方案。

1）路径回顾

价值观——定义需求层次——分析和解决问题的技术——具体执行

2）思考过程

第一步，我们在做独立项目的时候，多数为两种情况，一种是根据业务发展，公司或部门有一个新的项目需要开展；另一种情况是针对合作项目，我们要给合作伙伴提供一个对应的方案。从这两种情况来看，我们在价值观层面都应该坚持"客户"导向，即拥有换位思考的意识。

第二步，思考独立项目运营方案的需求层次。根据需求层次理论，我们在开展新项目工作时，制订项目方案更多是为了解决认知和自我实现的需求。因为从出发点及写作目的来看，我们的方案主要是用于统一认识、达成更高的目标。

第三步，继续使用分析和解决问题的技术。在写这本书的时候，我就想过一定要用最简单的逻辑或"公式"呈现解决问题的逻辑。前面已经描述过该逻辑的中心思想：让别人知道我们在解决什么问题（是什么）、我们为什么要解决这个问题（为什么）、我们制订了什么解决方案及计划如何执行该解决方案（怎么做）。这个逻辑在不同场景、不同情形下，都可以用来思考和分解问题，进而真正掌握解决问题的方法。一旦掌握了解决问题的方法，就能明白"写方案其实是解决问题"的含义。因此，撰写独立项目运营方案的思考过程如表 2-5-2 所示。

表 2-5-2　撰写独立项目运营方案时分析和解决问题的思考过程

是什么	这个项目是什么，是否能用一句话概括
	我是否与客户进行了充分沟通，客户的需求是什么
	撰写项目运营方案是为了解决什么问题
	项目的核心目标是什么
	在项目推进过程中，有哪些问题需要确认
为什么	客户希望通过方案获得掌控感
	了解市场并分析竞争对手
	信息留存，方便高效推进相关工作
	掌握目前可能存在的难点及风险
	能够尝试预判市场发展趋势
怎么做	用什么格式呈现给客户
	时间周期如何安排，在方案定稿前是否需要多次沟通
	需要其他团队给予什么支持
	有哪些地方需要补充

第四步，落实具体执行计划。对于撰写独立运营方案而言，具体执行计划这一部分相对复杂。有了底层逻辑做支撑，我们需要从市场、用户、竞品、团队、资源、目标等方面着手，分析现状并预估效果。在完成这个方案之前，除了有前三步作为基础，还需要进行刻意练习。推荐大家阅读安德斯·艾利克森（Anders Ericsson）的《刻意练习：如何从新手到大师》一书，这里通过书中的一个故事，让大家感受一下刻意练习的力量。

1968 年时，越南战争的交战双方激战正酣。来自美国海军和空军的战斗机飞行员经常与接受过苏联培训、驾驶着俄制米格战斗机的北越飞行员交战，而美国飞行员的战绩并不理想。在之前的三年里，美国海军和空军的飞行员在空战中一直保持 2/3 的胜率：每损失一架战机，便能击落北越两架战机。但在 1968 年的前 5 个月里，其胜率降到了 50%：在这段时间里，美国海军击落了 9 架米格战机，却损失了 10 架战机。海军将领意识到问题的严重性，就此设立著名的王牌飞行员学校。

学校的训练计划在很多方面都有刻意练习的元

素。特别是给学生飞行员提供了机会，让他们在不同局面下反复尝试不同的战法，并由教官对其表现提出反馈，让他们更好地将所学的知识运用到实战中。飞行员们每天在飞行时，都会认真汲取上一次模拟空战的经验与教训。渐渐地，他们将学到的东西内化于心，进而做到在真正做出反应之前无须思考太多。

1970年，空战恢复进行，还包括战斗机的空对空战斗。在接下来的三年里，美国海军飞行员每损失一架飞机，就有12.5架北越战斗机"陪葬"。

美国空军注意到了海军"王牌飞行员"训练的这种惊人效果，于是也开设了训练课程，并且在越战结束之后持续进行训练。在第一次海湾战争中，美军飞行员在空战中击落了33架敌方战机，只损失了1架战机，书写了空战史上最具压倒性的胜利。

3）撰写框架

这已经是我们第五次谈到方案的撰写框架，相信大家对于框架本身已经有了一定的理解。所以这一节在进入撰写框架环节前，我想用"是什么、为什么、怎么做"的逻辑来讲讲情绪。通过生活化的案例让逻辑更具象。

假设你有一天突然想研究一下情绪,那我们该如何运用上述逻辑进行分析呢?

①是什么

情绪指的是人从事某种活动时产生的兴奋心理状态。因此首先可以肯定的是,情绪没有对错,要想更好地掌控情绪就要先认识情绪,明白这是一种什么样的心理活动,进而对其进行辨别和处理,实现对情绪的掌控。

②为什么

为什么我们说情绪没有对错,并且相信其可以被掌控?结合我的经验,很多情绪其实都是在"应该"和"不应该"的想法下产生的。当我们在自己身上和他人身上做了"应该"或"不应该"的评价,就会滋生出情绪。

我对"应该"和"不应该"的理解,源于费孝通先生在《乡土中国》一书中的一段描述:在课堂上,城里的孩子样样比乡下孩子学得快、学得好。但城里的孩子们在捉蚱蜢时，扑来扑去，屡扑屡失，而乡下的孩子却反应灵敏，一扑一得。先生说乡下孩子在认字上比不过城里的孩子，并不是"愚"的表现，而是他生活的环境不要求他掌握这一层面的知识，显而易见，书中所描述的城里的孩子有更好的识字环境。

多次重读这本书，我对这个情景有了更深刻的感受，对"应该"和"不应该"也有了不同的体会。不同的环境和背景对我们的要求不同，所以在很多时候，没有那么多的"应该"与"不应该"。当我们抛开"应该"和"不应该"的评价后，情绪就变少了。

③怎么做

第一步，认识情绪。如果情绪来了，一定要"疏"而不是"堵"。我之前跟生涯研习社的 Anny 老师聊到这个问题时，她给出了一个解决方案，就是写情绪日记。日记内容大致包含：发生了什么事；我是怎么认为的；这种认识给我带来了什么样的情绪，是快乐、悲伤还是愤怒；这种情绪以前有过吗；是在哪些场景中出现的；我当时是如何应对的，等等。通过这种方式先认识情绪，再接纳情绪。

第二步，辨别情绪。辨别情绪，就是挖掘情绪产生的底层原因。有时我们会发现网络上出现的某个热点，会引来一些人的"攻击"，我们作为旁观者，是无法辨别他们的情绪的。但可以仔细感受自己看到这个情景后的情绪，试试是否可以将这种情绪变为某种前进的动力和自我剖析的依据。

第三步，处理情绪。发泄、隐忍或转移都不是处理情绪的正确方式。发泄具有破坏性；隐忍可能会导致更严重的情绪问题；转移只能短暂性解决问题。我们处理不好情绪，是因为我们把情绪当成了问题本身。但情绪其实是认知的产物，认知才是问题所在。情绪通过内在感受被我们感知，也通过外在表现呈现出来。所以我们要想处理情绪，就要关注内在感受——比如我是不是感觉自己的信念受到了挑战？我是不是觉得自己能力不够？了解自己的感受以后，才能进行实际操作，完成对情绪的掌控。

要想做好这一步，我们需要提升自己的能力，建立一分为二的思考模式，培养刻意练习的习惯。

首先，提升自己的能力。 有人在微博上问郑渊洁：

"郑爷爷,怎样才能消除心中的恨意,变得毫不在意?"郑渊洁回答:"利用恨意在事业上超过给你制造恨意的人,就能消除恨意,变得毫不在意了。"这里的恨意也是一种情绪,但只要提升自己的能力并超越对方,这种情绪就会消失。有时我们很在意某个同事的看法,担心他是不是不喜欢我们,但如果你在能力上与他拉开距离以后,再面对他时,你可能就没有这种担忧了。所以,提升自己的能力,是处理情绪的第一个方法。

其次,建立一分为二的思考模式。世界上没有两片相同的树叶,自然也没有两个相同的人,我们唯一可以掌控的就是自己。一件事情发生,有好的方面,也有坏的方面。有很多优秀的著作,如《高效能人士的七个习惯》《心》《自卑与超越》《非暴力沟通》等,都传达了一分为二的理念。我们的认知系统会随着社会和知识的发展不断迭代,但更重要的是保持一分为二的思考模式。更高级的说法就是建立自己的信念体系,信念体系包括信念、价值和规则。我对信念体系的理解是,每个人都有的一套独一无二的"发动机"。

最后,培养刻意练习的习惯。针对情绪处理的刻意练习,我认为有三点比较重要:一是"自觉",即察觉自己的情绪；二是理解，用情绪日记来理解自己的感受；三是转化，找与自己意见不一致的人交换意见，听听他人看法。定期"自觉"，然后尝试理解，进行转化，长此以往，必有收获。

我们用"是什么、为什么、怎么做"的逻辑剖析了情绪，再回到独立项目运营方案撰写本身，就变得相对简单。在独立项目运营方案的撰写中，因不同案例情景和行业需要，其框架可能存在差别。在互联网技术突飞猛进的时代，我们所开展的大部分项目的目标，都是提升收益。而通用的两个提升收益的方法就是导入更多流量和提高用户转化率。在一定程度上，我们大部分的运营工作都是围绕这两点开展的。

所以，独立项目运营方案的框架大致如下。

①标题：X项目运营方案。

②副标题：日期、姓名。

③Part1 背景介绍：项目背景介绍。

④Part2 行业分析：对项目所处行业的认识。

⑤Part3 商业模式分析：对项目模式的整体分析。

⑥Part4 项目运营具体策略：计划如何提升效益。

⑦Part5 项目时间安排：时间周期安排。

⑧Part6 团队介绍。

4）案例分析

我写过很多独立项目的运营方案，面向的对象也各有不同。在选取案例时，我根据自己的需求及对周围情况的分析，意识到身边喜欢跑步、爱好轻食的人越来越多，于是定位在了这个领域。

①案例背景介绍

基于上述思考，我选择了一个诞生并成长于成都的本土餐饮品牌——厚旦吐司。如图 2-5-1 所示。该品牌的首家门店成立于 2016 年，截至 2021 年初，成都共成立门店 4 家。在撰写方案之前，我与品牌创始人进行了沟通，聆听了这个拥有心理学背景，曾在上海奋斗近十年的姑娘回蓉创业的故事。从品牌创立至今，她一直秉持初心，严选食材，用她本人的话来说，对食物心怀敬畏与热忱,也明白做餐饮应该承担的责任。厚旦吐司主要制作新鲜、健康、美味的轻食快餐,产品包括三明治、沙拉、健康饮品等。她希望以后能为更多追求健康饮食的人群提供更多的食物选择。

图 2-5-1　厚旦吐司品牌宣传海报

在和创始人的交流中,我发现餐饮行业是个"内卷"非常严重的行业。创始人在品质的保证上花了很大的工夫,对于各种食材的选取基本都是亲自把关,希望为品牌发展奠定优良基础。平时还要研究如何均衡食物的维生素、膳食纤维等营养素;如何让食物热量低,但饱腹感强;如何满足不同顾客的不同口味;如何让顾客易拿易吃,不脏手、不狼狈……此外,员工的选、育、留,更是她一直操心的问题。

知乎上关于"餐饮行业究竟是一个什么样的行业"

的话题下，有个回答中有这样一句话：如果你爱一个人，就劝他做餐饮；如果你恨一个人，也劝他做餐饮。我相信前半句是因为餐饮行业有无限可能，后半句则是因为餐饮行业确实是一个复杂的行业。选择这样一个案例来做独立项目运营方案的展示，更贴近我们实际生活。

②案例情景假设

假设你是厚旦吐司的品牌运营服务商，品牌发展到现阶段，他们希望能够整合门店各方面的信息，为品牌的持续发展提供方案。整体的发展目标是在吸收西式简餐成功的、成熟的整套经验的基础上，结合具体情况探索出适合厚旦吐司的品牌运营方式，进而扩大影响力。

针对独立项目运营方案，以我的经验来看，几乎每个客户的需求都不一样，有的客户希望一打开方案就能看到团队的介绍，团队如果没有成功案例就不愿往下看了；有的客户觉得团队介绍不重要，更关心的是策划方案本身；有的客户可能根本不看方案，主要依赖面对面沟通。

在这个方案的撰写中,我采用了相对常规的框架,后期在使用过程中,大家可以根据实际情况调整。同时以厚旦吐司的情景假设为基础,对"是什么、为什么、怎么做"的思路框架有进一步的理解。

③案例方案撰写

厚旦吐司品牌运营方案

(2021年3月1日 June)

Part 1 背景介绍

随着企业、媒体、商家的不断渲染,"消费升级"在2017年左右成为大众关注的热点。在此背景下,国民消费观念发生改变,生活性服务企业也迎来了一系列挑战。同时,一时间涌现出很多新锐品牌,"新零售"崛起。

新零售模式的出现是市场、需求和技术等多种因素共同发展的结果。无论是电商还是线下实体店,其本质都是零售,都要从成本、效率和客户体验三个维度去衡量。嫁接这两种模式的优势,重构商业要素,降低经营成本，带来更明显的效率提升和更好的客户体验，是发展新零售最好的解决方案。从某种程度上来说，厚旦吐司属于"新零售"餐饮品牌，能满足用户从温饱型转变为健康型的饮食需求。

  我从事运营多年，一直认为现代企业比拼的是用户服务和运作效率，是否以用户为中心非常重要。可以感受到，每隔一段时间，科技发展水平就会有一个质的飞跃，我们听过互联网，也听过互联网+。从互联网到互联网+的过程，其实就是渠道演变成工具、演变成思维的过程。因此对于厚旦吐司这个品牌来说，即便有着新零售的基因，也需要具备互联网的思维。

  在撰写此方案的过程中，我分析了轻食类用户在美团 App 的评论，发现大家在注重轻食功效的同时，"喜欢"也非常重要，用户愿意为自己喜欢的东西买单。移动互联网场景带来的碎片化阅读习惯决定了用户没有时间看大篇幅的内容，也没有时间挑选很久的东西，因此厚旦吐司在逐步扩大经营规模的同时，需要考虑如何在短时间内获取用户的注意力，并促使用户下单。本方案将从行业分析、商业模式分析、具体运营策略、项目时间安排等方面对该品牌的运营与发展进行规划。

Part 2　行业分析

在分析行业之前,我们首先看看目标人群的情况。经过前期沟通,我们了解到轻食行业的主要目标用户是 85 后、90 后、95 后等。95 后是移动互联网原住民,他们对网络信息很敏感。对于他们来说,好玩比好用重要。85 后是中国互联网的第一批使用者,是传统互联网的原住民。而比 85 后更大的人都是互联网的移民,在接触互联网以后,他们的消费习惯发生了些许改变。

除了从用户群体维度了解整体用户需求,我们也查看了相关的分析和报告。根据《2017 年度餐饮大数据白皮书》:轻食成为潮流;80 后、90 后仍为消费市场的主力;95 后、00 后的刚需消费正在兴起,工作日就餐占比最高;咸鲜口味成为食客首选,饮食健康日益成为人们对生活品质的基本要求;喜爱甜味的食客比例超越麻辣味;烹饪方式中相对健康的炝、烧、炖、焖、煮、煨等成为大多数人的选择;食客对薯类食物的需求增长明显;菜品口味、性价比、食材新鲜度继续成为食客最关注的三大因素;环境体验(嘈杂、无包厢或包厢太少、无无烟区等）成为顾客抱怨最多的问题。

此外，报告数据表明，菜品口味好是食客对餐厅满意的最主要因素。

为了更深入地了解轻食行业，我们还仔细研读了前瞻产业研究院《中国互联网餐饮行业运营模式与投资策略规划分析报告》。该报告显示，从2020年开始，我国轻食行业快速发展，企业数量增多，并得到了消费者的广泛关注。轻食行业在中国的发展主要分为四个阶段。

2013年，轻食进入中国市场，人们开始接触轻食行业；

2015—2017年，轻食行业进入资本投放密集期，大量资本涌入轻食行业，使其得到了快速发展；

2018—2019年，由于发展不成熟，轻食行业进入洗牌期，资本快速撤退；

2020年至今，我国轻食行业热潮卷土重来，供给端企业的快速增加，叠加疫情以来消费者饮食习惯的改变，使轻食行业受到了前所未有的关注。

从轻食行业的消费情况来看，2019年轻食行业在商家侧和消费侧都实现了较快的增长。美团发布的数据显示，轻食订单量和商家数量分别同比上升98%和58%，饿了么沙拉消费量、订单量和消费人数分别同比增长63%、61%和39%。根据2021年6月美团外卖的轻食销量数据，北京、上海和深圳的轻食行业主要店铺的销量都较高，新兴品牌更由于性价比高而备受消费者喜爱，月销量9999+的店铺数量较多。

近年来，我国居民人均可支配收入显著提高，人们对于身体健康和身材管理的关注度持续上升，越来越多的消费者愿意在自己的饮食上花费更多时间与金钱，轻食将作为一种可持续的生活方式慢慢渗透人们的生活。

但目前我国的轻食行业仍然处于成长初期，尚未成为国民日常饮食文化的一部分。截至2020年底，我国轻食在国民餐饮的渗透率仅为40%，对比发达国家90%的渗透率，我国轻食行业的市场空间巨大。

轻食行业的发展与国民对身体健康的迫切需求密

不可分，早在 2018 年，德勤咨询《2020 年健康医疗预测报告》就显示：在中国人中，高血压患者有 1.6 亿～1.7 亿人、高血脂患者有 1 亿多人、糖尿病患者达到 9240 万人、超重或者肥胖症患者有 7000 万～2 亿人、血脂异常人口约 1.6 亿人、脂肪肝患者约 1.2 亿人。该报告提到，到 2020 年，我国肥胖人口将达到 3.25 亿人，并在未来 20 年翻倍。

Part 3　品牌运营思路说明

在介绍具体思路前，我想先说几个关于品牌的常见误区。

误区 1：品牌不等于 logo，logo 只是品牌的一部分。

误区 2：品牌也不等于 CIS（Corporate Identity System，品牌管理体系），CIS 只是管理品牌的一种工具，它的作用是维持企业形象在各个方面的高度一致性。

误区 3：做品牌不等于做营销。

误区 4：品牌不是产品，产品只是品牌的基础。

那什么是品牌？按照现代营销学之父科特勒在《市场营销学》中的定义，品牌是名称、术语、标记、象征、设计或是它们的组合，用于识别一个或者一组销售商的产品或服务，并与竞争者区别开来。换句话说，品牌是市场营销发展到一定阶段的产物，和产品紧密相关，但核心竞争力却不只是产品，品牌已经和消费者建立了某种情感联系。广告教皇大卫·奥格威说过，品牌形象不是产品固有的，而是消费者结合产品的质量、价格、历史等为其赋予的。

在了解品牌的概念及误区以后，我们的低成本品牌运营之路可以分为三步：一是解决"说什么"，找到品牌卖点；二是确定"谁来说"，找到面向用户的沟通角色；三是思考"怎么说"，找到适合我们的打法。下面我们具体来看这三步工作如何开展。

首先确定"说什么"——提炼品牌的卖点。

所谓卖点，其实是商品或产品与众不同的特色、特点。通常情况下，不论它从何而来，只要能化为消费者能够接受、认同的效用和利益，就能达到产品畅销、建立品牌的目的。卖点的提炼可以从多维度入手，首先来看看几个行业标杆是如何提炼卖点的。

金龙鱼（善用理念）：1:1:1，平衡营养更健康。

小肥羊（主打食材）：天然、健康、珍贵。

王品台塑牛排（数字化）：一头牛仅供六客。

在这些案例中，品牌分别从食材、理念、数据等维度提炼卖点，或展示食材的珍贵，或传达一个理念，或明确地域优势，或用数据说话，以凸显自身产品与其他产品不同，吸引客户购买。

其次确定"谁来说"——找到面向顾客的角色。

根据运营过程中的用户画像，我们可以明确顾客的年龄、职业、爱好，等等，据此我们就要考虑拟定什么样的角色去面对顾客。有些品牌是创始人"说"，有些品牌是团队核心成员一起"说"，有些品牌是意见领袖"说"，有些品牌是用户"说"。

所以在开展品牌运营工作的时候，可以结合我们自己的资源确定谁来"说"。如果创始人有故事，那就让创始人说；如果有意见领袖资源，那肯定不能错过；如果用户有热情，那也可以让用户说……这些都是我们可以选择的角色和方向。选择好角色以后，角色的构建思路如下表所示。

阶段划分	构建方向	角色描述
品牌初建	产品的特点	品牌解说员,有情绪、有目标、有担当
	品牌传播的理念	
	我们与竞品的不同	
	我们在行业的愿景	
品牌口碑	消费者口碑	已经和用户成为朋友,获得了认同,并对此表示感谢
	行业口碑	
品牌炒作	品牌借势	遇到一些困难,但会保持初心,坚持下去
	行业借势	
	反向营销	

最后思考"怎么说"——选择适合自己的打法。

品牌营销主要打法的切入点无非是情感、公益、热点事件、活动等。要根据整体目标,策划整体思路,从而选择打法。这里举几个例子说明不同品牌打法的特点。

情感打法(蚂蚁金服):"虽然刚工作,但我不想合租。租个属于自己的空间,小小的也很好"。这句文案有没有激发你的情感共鸣?

公益打法(百雀羚):"对坚守天然理念的百雀羚而言,天然与季节无关,也可以与所处的地方无关。天然,不只关乎护肤,更渗透到肌肤之下的内心深处。洞察都市里的种种不天然,百雀羚在这早春三月发起一场草本营销革命,以向天然致敬的名义守护天然"。

"守护天然"这四个字,显然俘获了人心。

活动打法:如下图所示的这类海报,大家应该很熟悉,不得不说在课程营销上,网易值得学习。这种活动的裂变和传播能力很强,对于品牌运营来说,性价比很高。

因此，对于厚旦吐司来说，要做品牌运营，不管是线上还是线下，要解决的问题只有三个：我们的卖点是什么、谁来帮助我们传递这些卖点、他要怎么传递这些卖点。

结合轻食行业发展状况、目标人群需求及厚旦吐司的特点，我们总结了厚旦吐司的品牌特色，明确了品牌优势。

品牌特色：选用进口食材，力求品质上乘；富含身体所需维生素及膳食纤维，饱腹感强。可以概括成十六个字——进口材料、品质保证、健康饱腹、营养均衡。

品牌优势：既有固定搭配，又可自由组合，消费者选择多；现点现做，出餐时间可控，美味不用等；定制食物包装，易拿易吃，干净卫生；主打产品大众接受度高，客群年龄段丰富。

结合厚旦吐司品牌运营的需求考虑，厚旦吐司在定位、口味和目标人群上可能都无法完全避开竞争对手，因此需要在服务和品牌上持续运营。总体思路为确保口味稳定、提升服务质量、开展品牌营销。

Part 4　项目运营具体策略

项目整体运营工作一般包括品牌运营、网络推广、新媒体运营、活动策划、UI 设计、VI 设计等，本方案的具体策略环节以社群运营为例，对工作内容进行了详细梳理，其他板块同样可以参考该思路进行整理。

以下为社群运营的具体策略。

①正式开始工作前需要做的准备工作：进一步明确目标用户人群画像，针对不同门店，了解用户所在的区域、喜欢什么、有什么痛点、需要解决什么问题等，以便在后期实际工作中对症下药。了解方式包括查看分析报告、查看评价标签，尤其是差评，等等。

②就社群运营的目标达成一致：社群的核心出发点是"利他"，即用户加入的社群是要有价值的；做社群拼的是人品和平台背后的价值观；社群解决的本质问题是信息不对称问题，帮助大家获取优惠信息，了解更多关于品牌及产品的故事。

③社群运营的载体研究：研究各种载体的特征，包括微信、QQ、贴吧、钉钉等，然后选择合适的载体；对载体的定位要明确，在客户互动平台、市场营销平

台、客户服务平台中各有侧重；同时要注重品牌自身在载体中的辨识度，如公告内容、头像等。

④日常活动准备：储备活动标题；搜集活动形式，包括接龙游戏、有奖问答、看图说话等；同时可以在社群内提供种子用户特权，如免费尝试新品等。

⑤设置防薅羊毛机制：可以利用第三方工具进行检测，同时要对规则进行反复验证，以及慎用高价值奖品。

⑥牢记社群文案撰写的六大要素：考虑用户喜好、建立权威、利用从众心理、兑现承诺、互利互惠及营造稀缺感。

⑦关注社群输出的价值：如群主应该打造什么人设，以确保日常的仪式感；如何创造介质，让用户有参与感；能给用户提供什么"武器"，让用户去战斗；如何保持社群活力，持续挖掘核心人群；评估150人（邓巴定律）的群成员规模是否适用于该社群等。

⑧罗列目前应该完成的基础工作：规范群公告，关注细节，比如方便大家复制、固定发布频率等；固

定每个社群运营者的人设；明确群内工作人员的角色分工；规定每个群的规章制度；汇总每日重要数据；定位群内的种子用户；建立舆论引导机制等。

Part 5　项目时间安排

根据双方的沟通对一年期的目标进行分解，并结合分解的四个阶段制订了时间规划，从筹备到落地，逐步开展相关工作。为确保项目顺利推进，希望双方确认两点：一是时间安排是否合理；二是我们会指定项目负责人，建议厚旦吐司也安排专人对接。

对项目整体运营工作的时间安排如下表所示。

目标阶段	核心运营策略	开始时间	结束时间
筹备阶段	根据定位，确定核心用户人群的范围，明确用户的增长途径和手段	2022/1/1	2022/3/31
初始阶段	完善品牌基础设施，明确调性	2022/4/1	2022/4/30
落实阶段	保证用户在购买后获得正向反馈并跟踪种子用户	2022/5/1	2022/6/30
成长阶段	利用口碑营销扩大用户基数	2022/7/1	2022/9/30
铺开阶段	建立口碑	2022/10/1	—

Part 6　团队介绍

列出核心项目成员的主要目的是体现团队的专业性及服务精神,这里不再赘述。

06
一起写个年度规划

做年度规划是一件非常重要的事,所以我们先从三个方面来谈谈年度规划。

是什么:年度规划是什么,好的年度规划"长"什么样。

为什么:为什么要做年度规划。

怎么做:如何做出一个好的年度规划。

首先分析是什么。年度规划是从公司发展出发,结合岗位职责及个人目标等多个方面,撰写的一个整体规划。好的年度规划一定建立在我们对业务发展的深度思考上，从未来到现在、从整体到部分，组织和罗列重点工作。

其次思考为什么。为什么要做年度规划？这里我不得不重复一个观点，做规划切忌流于形式。我做过很多次年度规划，有一次因为同期要完成另一个项目，所以没有认真打磨，结果让我刻骨铭心。在那之后，我多次思考我为什么要做年度规划，作为部门负责人，不论部门大小，我做年度规划的原因只有一个，就是成为衔接上下的桥梁，在支持公司达成总体目标的同时，又能拆解出员工个人的发展路径。

最后想想怎么做。主要思考如何确保年度规划分解、落地和执行。要达成这一目标，我们需要从三个方面入手落实。一是充分总结和分析过去的情况，明确现在还存在的问题；二是掌握行业发展动态，弄清行业发展趋势并收集优秀案例；三是结合行业发展趋势和公司现有的资源来解决存在的问题，拟定新一年度的目标及执行计划。

年度规划的种类和方向非常多，不同行业、不同工种、不同背景的人，在实际撰写的时候可能立场不同,但都可以用前文提到的路径来思考。如果你目前正在思考半年计划或年度总结,可以结合本节的内容进行操作。

1)路径回顾

价值观——定义需求层次——分析和解决问题的技术——具体执行

2)思考过程

第一步,在撰写年度规划的时候,价值观依然很重要,前面我们提到不能以"走过场"的心态来完成该项工作,那究竟应该以什么心态去做呢?至少应该是"负责"的心态,即"我能为我撰写的年度规划负责"。

第二步,思考年度规划的需求层次。根据需求层次理论,我们撰写年度规划主要是为了满足认知需求与自我实现的需求。

第三步,使用分析和解决问题的技术。仍然要呈现"是什么、为什么、怎么做",让别人能知道我们在解决什么问题、我们为什么要解决这个问题、我们制订了什么解决方案及计划如何执行该解决方案。放到年度规划上来描述，就是让别人知道我们这一年做得怎么样，解决了什么问题，发现了什么新问题，计划达成什么新目标；我们在新的一年为什么要解决这些问题，为什么要达成新的目标；我们计划怎么解决这些问题，用什么标准衡量我们是否达成了新目标。因此，针对年度规划，分析和解决问题的思考过程如表2-6-1所示。

表 2-6-1 撰写年度规划时分析和解决问题的思考过程

是什么	过去一年，主要做了哪些工作
	过去一年，取得了哪些成绩
	过去一年，各模块工作情况如何
	过去一年，遗留了哪些问题
	竞争对手发展如何
	有什么样的案例及模式值得学习
为什么	领导想知道工作情况
	通过复盘，深入思考自己的成长得失
	确保新的一年，能够与其他部门就目标达成一致
	部门间相互了解，提前安排相关资源支持

怎么做	总体思路是什么，能否用一句话概括 计划如何实施具体策略 数据能否更新到方案提交前 对遗留的问题是否提供了解决方案，方案是否恰当 什么样的指标可以衡量目标是否达成 PPT 的呈现方式是否合适 什么时候提交并获得反馈

第四步，落实具体执行计划。年度规划的具体执行计划相对复杂，一般情况下，我们可以先列出提纲框架，分析各个部分的内容来源，进而在内部进行分工，尤其要提前梳理好数据需求。完善提纲后，确保提纲内容与公司年度方向一致，再进行分解优化，完成内外部沟通，进而形成详细的 PPT 方案。此外，要给自己安排一段较长的独处时间，有思考的空间和时间，才能为撰写一份优秀的年度规划打好基础。

3）撰写框架

根据上述思考过程，年度方案的撰写框架其实比较简单，掌握框架的前提是明白年度规划必须契合公司的战略。再完美的年度规划，如果脱离了公司战略，那也一文不值。

①标题：T公司X年年度规划。

②副标题：日期、姓名。

③目录：包含上一年工作总结、下一年工作规划、下一年的核心目标及资源需求等。

④Part1 工作总结：根据各个板块的工作情况介绍我们做了什么，做成了什么样子，有什么结果，发现了什么问题。

⑤Part2 工作规划：分析市场发展情况及市场典型案例，结合工作总结提出总体思路，并对总体思路进行说明，再逐步分解各个板块的具体计划，分别说明如何实施与执行。

⑥Part3 下一年的核心目标：说明哪些指标是下一年度将主要关注的。

⑦Part4 资源需求：要达成相应的目标，有哪些资源是需要公司支持和协调的。

⑧Part5 相关附件：可以将前面涉及的一些数据

附在结尾,便于阅读者查阅及评估。

4)案例分析

需要撰写年度规划的小伙伴应该都带过新人,所以我们要认识到年度规划除了能让我们与公司目标方向保持一致,也是我们向下沟通的好机会。管理人员的精力是有限的,随着人员和工作面的增多,不是每个人我们都有机会去了解和沟通,所以要在部门内建立有效的沟通机制,尽可能多沟通,让每一个员工听到公司的声音。

这里假设你是一家大健康公司的运营负责人,公司业务主要集中于每年的健康峰会及论坛,聚焦当下医疗卫生体系改革与中国健康管理发展。同时会举办一些比赛,这项服务也受到了全国各地大健康从业人士的认可,这一系列比赛成为他们展示自我的全新舞台。同时该公司还有一些其他的服务内容,如药物采购、对接等。

我们在该公司主要负责医药数据深度加工、大数据挖掘、大数据成果输出及赋能板块的业务。该业务的战略目标为致力于以数据创造价值,打通产业链,成为大健康产品领域的互联网大数据服务标杆。根据这一背景,以下案例可供大家参考。

T公司2021年年度运营规划
(2020年12月26日　June)

Part 1　2020年年度工作总结

2020年公司成立了两家子公司,作为公司平台的运营主体。2021年是这两家子公司蓄力发展的关键一年,这一年期望在平台整体运营上有所突破。

基于这一目标及相关历史数据,我们对2020年的工作进行了总结。经过对现有情况的分析及思考,结合团队目前岗位职责和员工能力状况,该总结主要围绕2020年工作中发现的问题进行展开。

目前公司仍然处于创业阶段。 老业务是面临更新迭代、需要变革求新的创业;新业务是面临生存发展、需要明确商业模式的创业。

我们并非我们想象的那样熟悉本行业。 公司专家都具备非常丰富的大健康行业经验,但落实到具体执行层面的人员时，对行业的熟悉程度较低，均处于零散摸索阶段。虽然可以通过兄弟部门获取资源，但团队目前存在懂互联网营销的人不懂大健康，懂大健康的人不懂互联网营销的情况，可能需要找到契合点，将资源、专业、营销、用户进行串联。

短期内创收能力较弱，需要先养活自己。 公司发展需要资源，对于公司而言，资源要用到刀刃上，目前 T 公司还未具备养活自己的能力，一方面是因为公司有部分 B2B 的业务，运营周期较长；另一方面是因为行业发展与消费端行业相比较为缓慢。

我们与竞争对手的差距较大。 具体体现在三个方面：首先是平台的布局，我们在移动端的布局较晚，已经让我们错失了一些机会；其次是互联网能力，尤其在新媒体等渠道的互联网营销能力与竞争对手差距较大；最后是 B 端客户的基数差距较大，行业新客户的把握对于我们来说是一个考验。

Part 2　2021 年年度工作规划

根据 2020 年的总结，我们从不同维度对 2021 年的运营思路进行说明，以期建立更完善的运营逻辑。

2021年T公司的运营思路整体可以概括如下：从战略层面定义和优化各平台商业模式，建立PC端迭代机制，使其具备一定竞争力；依据不同业务的属性优化移动端，集中优势资源针对不同渠道和平台进行营销和传播，获得用户认可及信赖，将其转化为有效客户；对2021年整体需要达成的目标进行价值链拆解，梳理内外部资源需求，关注市场发展及走向，尽可能用定量的指标跟踪、监控和反馈目标达成情况，适时纠偏和调整，确保目标完成。

①财务相关

2021年希望T公司做到盈亏平衡，实际产生的利润能与人力成本、办公成本、营销成本持平。

②生态体系

在2021年的运营过程中，希望将公司的A、B、C、D等品牌与产品，在用户侧建立清晰的认知，形成"T公司生态圈"。

③业务模式

公司a、b、c、d四种业务，其运营模式有所不同，商业模式也有一定差别，如何做到流量共享并具备持续迭代能力，建立适合自己并能推动行业发展的业务发展模式，是2021年从集团公司层面应该深入探讨的问题。

④人才相关

人才是企业最核心的竞争力，但人才培养是个非常漫长的过程。因此，2021年与人才相关的目标是希望完善基础梯队，使团队内部分工明确，架构清晰，同时引入更多与公司、行业能够长期共存的人才。

⑤具体运营计划

T公司在目前的业务基础上，即"买卖""合作"与"服务"三者中，需要在服务上进一步挖掘针对B端客户的业务。

要想在服务上深度挖掘，就要了解客户的痛点，目前我们所服务的客户主要有以下痛点。首先是信息不对称；其次是传统渠道混乱，有很多厂家对于必要的销售渠道缺乏有效的打造能力；再次是行业信息化、数字化能力弱；最后是行业受政策影响较大，入场门槛较高。

此外，为了进一步了解客户需求和痛点，我认为有必要开展一次深入的访谈和交流，通过一对一电话沟通或线下沟通的方式，了解新老客户的现状，分析他们的需求。同时了解竞争对手，获取相关市场及用户信息，完成竞品分析。

如何打破 2020 年的营收困局，是 2021 年需要重点考虑的问题。为了促使 2021 达成更高的目标，我建议考虑调整业务的运营模式。首先明确定位，即业务本身的定位和业务在生态链中的定位。同时对模式进行可行性分析，完成内外部资源梳理，进而尝试打造大健康专家团队，尝试知识付费。

Part 3　2021 年年度核心目标

①完成财务指标 XXX 万元，增长 20%。

②新增 B 端用户 XXX 个，增长 100%。

③新增活跃商家 XXX 家，增长 25%。

Part 4　资源需求及请示

①对平台的定位是否与公司的战略方向相符。

②基于该运营思路,可能需要兄弟公司的支持,请确认是否有资源预留。

③运营组织架构基本保持不变,但可能需要新增短视频运营人员1名。

07
战略分解落地方案

对于战略分解落地方案的撰写,我们在搭建和了解战略分解落地方案的逻辑的同时,还要对什么是战略分解、如何做战略分解、如何保障战略分解结果的落地有自己的认知和想法。所以在回顾路径、描述思考过程、撰写方案框架和分析案例之前,我们先以"活动运营"为案例对战略分解进行说明和分析。

通常情况下,活动运营属于运营的板块之一,是一项技术与艺术相结合的工作,在做活动运营并通过活动达成与用户的互动之前,要清楚活动运营的概念,明确活动运营的流程。我曾经给活动运营下过一个定义:运营人员为了积累用户,尤其是有价值的用户,策划一系列用以满足这些用户需求的活动创意的过程。通过沟通，将创意以活动的形式在产品上呈现，进而探究用户的特征、喜好等，逐步将产品推向市场。

假设我们负责的板块是会员的活动运营，我们的主要工作就是策划出优秀的会员活动，激发会员与平台互动的意愿。那我们应该如何从战略分解层面去思考这个问题呢？首先要想清楚活动运营有什么原则是需要坚持的，有什么误区是需要避免的；其次需要明白会员活动在活动运营层面担任的角色；再次需要收集和整理会员活动的类型，分析各个活动运营效果存在差异的原因；最后开始策划、执行及复盘。

Part 1　分解第一步：了解活动运营

活动运营是在很多行业中存在的一个工种，只是叫法不完全相同。对于活动，我总结过一个公式：

3个原则+2个关键+1个工具-5个误区=用户喜欢的活动

①3个原则

原则1：能吸引自己。如果自己都不想参加自己设计的活动,那就不要去跟负责支撑的同事沟通了,以免浪费他们的时间和公司的资源。每次策划完活动或者还在创意阶段的时候,先把自己想象成用户,问问自己有没有被吸引,为什么被吸引。

原则 2：内容有创意。也可以叫形式有创意。我们做运营也好,做产品也罢,所谓的创意不是天马行空,而是要能够顺应时代,学会利用现有的平台和资源进行创新。因此,如果你的"脑洞"不是特别大,那我们可以先掌握常见的创意来源,也可设计出用户感兴趣的活动。常规的活动创意可能会围绕物质激励(如以即将要上市的新 iPhone 作为奖品)、自我实现(如春羽计划"写出影响力")、比较思维(如设置排行榜)等展开。此外,创意还有可能来自好奇心、紧张感、刺激感等。就我个人的经验而言,创意是可以积累的,一是可以将自己平时参加的有趣的活动记录下来；二是定期进行活动收集和采集,形成"活动数据库"；三是长期关注一款产品,观察它的活动；四是依据自己对用户属性的判断,累积相关经验。

原则 3：流程要简单。这里并非指简化活动本身的流程,而是指从用户的角度考虑用户参与活动的便捷性。举个简单的例子，如果我们把活动设计为用户每分享一次活动内容，就可以获得一个优惠码，那么这个优惠码一定要可以直接通过点击复制使用，而不是需要客户跟客服沟通或自己去输入。活动流程本身可以复杂，但需要用户操作的步骤要足够精简。

②2 个关键

关键 1：了解活动对象。活动运营人员要尽可能从长远的角度分析出哪些是重要的用户，哪些是核心用户，哪些是我们一定不能"伤害"的用户。举个例子，通过研究我们发现，随着用户年龄的增长，用户更倾向于使用以前经常用的 App，而对其他新 App 的感兴趣程度会有所下降。所以我们在开展活动时，针对平台近期新增用户和已经使用平台几年的老用户的运营策略应有所不同。如果活动面向的是老用户，那一定要思考我们的活动内容是否在和他们一起成长；如果活动面向的是新增用户，那我们的活动目的可能更多的是帮助他们了解和熟悉平台。

关键 2：清楚对象喜好。如果能像考虑恋爱对象的喜好一样考虑活动对象的喜好，那么这个活动就有希望了。分析活动对象喜欢的活动频率（太频繁会不会让他们觉得没有价值）、活动类型（游戏娱乐、打折优惠、交友互动等）、活动时间（节假日还是其他时间）、产品功能（是否对产品某个功能使用频率特别高）等，可以帮助我们更好地开展活动，建立良好的用户关系，只要你足够懂他，他自然不想离开你。

③1个工具

这个工具就是数据。 运用好数据这个工具，能让你事半功倍，但数据不是简单的百分比分析。你如果在数据分析方面不擅长，一定要向专业人士求助，分析数据的表现及成因。在分析的时候一定要控制无关变量，重点观察重要变量，才能达到数据分析的目的。以我最近做的一个活动为例，用户点击参加活动后，需要将活动分享给好友，好友完成相应的操作后，用户可以获得奖品。单纯看参与用户数和用户总数，可能会得到一个较低的占比（参与用户/用户总数≈5%）。但考虑到这一次活动没有提前做宣传，所以我们要看活动本身的效果，即看用户参加活动后的转化率（分享用户/参与用户≈60%，好友完成助力/分享用户≈50%）比看整体的转化率更有参考价值。

④5 个误区

误区 1：一炮而红才是成功。很多时候，我们会觉得只要一个活动没有在开展的过程中引起轰动就算是失败的。这其实是一个心理误区，一方面会打击我们的积极性，另一方面还会影响我们对活动本身的客观评价。正确的思维应该是，只要达成了活动目的的活动就是成功的活动，比如成功试探出用户对新功能的接受程度，等等。用投入产出比去衡量活动也许更客观。

误区 2：奖品不行活动就不行。"这个奖品肯定对用户没有吸引力……"这是我在策划活动时最不喜欢听到的一句话，奖品只是一种激励手段，我们不能被奖品限制了创意，和奖品相比，其他方面往往更加重要。

误区 3：活动开始后就不能再调整。活动已经开始了，但发现了重大漏洞，这时我们可以采用迂回调整战术，比如临时建群，补充说明漏洞，或对造成影响的用户采取单独的补救措施。没有什么是绝对的，只要我们想开始，任何时候都不晚。

误区 4：不能出现误判。 每个运营人员都会经历对活动效果的误判，重要的是要总结经验，找到减少误判的方法。

误区 5：方方面面必须考虑周全。 活动结束后才发现自己忘了找种子用户、忘了调动内容资源，发放奖品的时候才发现流程过长，总结的时候才发现还有一些细节可以优化。因此陷入深深的自责中，结果下一次又没考虑周全。这种自责是没有意义的，我们要做的是正向的总结和复盘，找到可以提升的部分，在下一次活动中改善。

Part 2 分解第二步：活动运营与会员活动运营的关系

用一些会员服务软件销售商的话来说：会员活动的目的就是帮助商家与消费者（会员和潜在会员）谈一场轰轰烈烈的恋爱，并用心经营感情、白头偕老的过程。这样看来，会员活动运营更像是一个维护老用户的过程。

通常情况下我们所说的会员是消费会员，也就是在购物后，被询问要不要办张会员卡的这类会员。商家建立会员制的目的是不断积累会员并让其享受会员待遇,从而建立起一个忠实的消费群体。

显然,面向会员做活动的原则就是投其所好,一方面不断推出新品,另一方面持续完善服务。会员作为一种市场竞争产物,不同类型的会员,必然存在不同的需求,因而就会衍生出多种活动类型。通过活动,商家不断将会员细分,最终实现精准营销,提高投入产出比。

Part 3　分解第三步:会员活动运营的基础流程

普通的消费者分散性比较强,且难以捉摸,如果没有对应的体系及模型来分析,我们的运营结果会非常不理想,且不具有持续性。所以我们做会员活动的过程其实就是逐步建立体系及模型的过程。会员活动应该贯穿会员的一生,只不过不同阶段的重点不同。我认为会员活动的基础流程如下。

第一,招募会员,获得会员活动的对象。当我们还没有会员的时候,我们产品的目标用户就是我们的潜在会员。比如我们的目标用户为 30~35 岁的一二线城市职场女性,那我们就要根据这个定位,分析她们的价格偏好、品类偏好、停留时长、转化情况、消费频次、消费金额等。如果分析结果显示她们的品类偏好相对集中，而消费频次、停留时长却完全不同，那我们就可以通过开展某一品类的活动，获得更多的目标会员，招募到更精准的对象。

第二，完善会员信息，建立会员"数据库"。笔者在分析问题的时候，常常喜欢把问题生活化，使其更易于理解。谈到完善会员信息，你是否立即想到职业、年龄、性别等信息，但这样的理解还相对粗浅。想象一下，你最好的闺密、哥们、朋友，是因为他的职业、年龄、性别等因素才和你建立联系的吗？大多数不是。所以我们要想和会员建立更强的黏性，心中一定要装着会员的"数据库"，只有了解他的生活方式，才能让活动更符合他的口味。我们可以从他的态度和行为信息入手去了解，如是否讨厌推销、是否对时尚敏感、是否挑剔、是否健身、对折扣的态度，等等。可能有人会说，这些信息是不是太隐私了，不容易收集。其实，通过会员活动就可以做到。

举个例子，假设有一天你在你的公众号发了一篇关于健身装备和饮食的文章，表示在评论区分享健身感悟的用户可以获得专业健身教练指导的机会，想借此给这些健身爱好者打上标签。但如果你提供的福利是某产品的折扣，也许就无法精准地获得会员信息了，因为喜欢健身但对这种产品不感兴趣的会员可能不会参加。所以我们在完善会员的行为数据时，一定要尽可能排除一切干扰项。

第三，制订会员活动规则，推动"长治久安"。写过活动方案的人一定对活动规则非常敏感，在活动方案中，规则的重要性不言而喻，并且一定要直白、鲜明、易懂。比如用户在累积积分的过程中，我们要及时提醒会员积分抵现事宜。否则到年底你再告知会员积分要清零时，很可能会发生这样的事，一个有几万积分的会员急忙花几十分钟计算自己可以兑换哪些礼品，却在提交订单时发现每笔订单积分抵扣金额不能超过 50 元，那这个会员一定会流失。这个例子是一个知名女装品牌的顾客朋友告诉我的，以上是她的亲身经历，之前她的客单价基本上在 3000 元左右，之后却再也没有光顾过这个品牌。所以，我们一定要考虑好会员活动，尤其是用户成长体系和积分体系的规则，如果确实有漏洞，要积极进行补救。在会员积分这一块，除了天猫、京东这些大平台，永辉生活 App 也做得不错，不论积分多少，都可以在下次购物时立马抵现，减少了用户的焦虑情绪。当然，如果想要节省配送成本、提高客单价，那么可以进一步优化规则，如消费满 88 元，积分翻倍抵扣等。

第四，会员分层分级运营，实现运营精细化。不论是一般 VIP 还是高级 VIP，都不是一成不变的，我们要在促使会员升级的同时，保证提供给高端会员的稀缺价值。分层分级就是为了维持各级会员的不同体验，所以在笔者看来，少于 3 种等级的会员体系，都不叫会员体系，高于 5 种等级的会员体系又相对复杂，这一点可以参考支付宝会员体系。你希望大多数会员停留在哪一个等级，你就应该提高那个等级会员的活动频率。这也并不影响我们想要建立的高端会员等级，因为绝大多数高端会员都不希望经常被打扰。

第五，培养核心会员，建立会员自传播体系。我在研究社区运营的核心时，发现大部分运营人员都认为社区自治是最理想的社区运营状态。同理，会员活动的终极目的也应该是会员自发组织活动，建立传播体系。要达到这样一个目标，我们就需要培养出一群核心的会员。判断其是否是核心会员的标准不是会员等级，也不是一腔热血，而是与平台相匹配的价值观和一定的组织能力。比如一些健身房的会员会自发组织打卡群、约课群，这样的会员就能帮你培养其他会员的忠诚度，为会员体系赋予社交属性。

Part 4　分解第四步：策划及具体执行

我一直认为，任何一个用户的需求都不会彻底被满足，所以我们要不断深入了解用户，下功夫去挖掘他的需求。对于活动的策划及具体执行而言，入手并不难，难的是想清楚策划什么类型、哪些因素会影响活动效果、如何完成复盘等，为下一次会员活动奠定基础。

①会员活动类型

从目前市场上的会员活动类型来看，主要有以下几种。

第一，让顾客决定优惠力度，如大转盘。优点：与用户有互动；缺点：大转盘已经存在很久了，不易玩出花样，所以在文案设计及活动情景设置等方面需要创新。

第二，紧扣热点，比如"双11"很多商家都会送戴森卷发棒。优点：抓人眼球，用热点为奖品背书；缺点：购买热点产品的成本较高，需要评估利润空间，同时热点产品的价格透明，用户也会借此评估获得奖品的成本及概率。

第三，根据会员等级设置不同的优惠力度。优点：给会员带来"我比别人享受更多优惠"的感觉，吸引下单；缺点：会员自己也知道付出的成本比其他人更多，当会员需求变弱或给会员提供的专属服务价值与其需求不匹配时，会员可能会流失。

第四，积分兑换优惠券，激活用户价值。优点：快速唤醒会员，促使会员消费；缺点：沉默许久的会员被积分抵扣优惠券唤醒后，很有可能在使用优惠券后再次沉默直至流失，所以配套的会员活动及营销策略要及时跟上。

第五，邀请用户缴纳一定的会员费，以享受更好的服务。优点：会员费是一笔相对客观的收入；缺点：面向收费会员的服务比普通会员的服务成本更高，在设置金额前需要进行精密测算,因为后期一旦发现成本过高再想提价时,可能会面临较多阻力。

②效果影响因素

第一,平台定位。不同平台带来的会员的诉求是不一样的,需要对会员来源做区分。同理,在京东和天猫开店,营销策略也是不同的。

第二,要有前瞻性。现在的积累可能在今年"双11"发挥不出明显的作用,但还有明年的"618"、明年的"双11"……只要从现在开始认真分析和累积,一点一点改善问题,就不算晚。

第三,合理的会员制度。会员的权利及义务要描述清楚,尽可能减少分歧。要优先保障贡献复购率及利润的核心会员群体的权益。

第四,会员活动执行过程的监控。确定监控手段,尤其要把控好细节。这一点对于线上线下结合的活动特别重要,会员在线下体验的时候,有很多不可控因素,所以一定要建立线上线下的服务标准,明确会员的权利。

第五，把握好服务尺度。这并不容易，但依然需要尝试完善。在海底捞上市的时候，我特意调研了以服务取胜的海底捞在人们眼中有什么缺点，结果被吐槽最多的也是它的服务。有顾客评价，觉得服务员一直盯着他，千方百计挖掘他的需求，让他很不舒服。

第六，以产品为核心不动摇。不管你做什么样的促销、提供什么样的福利、给多大的优惠力度，只有产品本身好，品牌才能走得更远。戴森的产品如果质量很差，那么即便营销做得再好，也不会撼动那么多用户。

所以，我们一定要做到沉下心来打磨产品，好的产品+好的服务+好的会员活动，才能让你的品牌在会员心中占据一席之地。这些其实与价格无关，在一定意义上，大多数消费者的痛点从来都不是价格。

③复盘自检清单

- 通过这次活动策划，知道什么是会员活动运营了吗？

- 方案完善吗？从活动目的到备选方案，都考虑到了吗？

- 活动吸引到我自己了吗？
- 活动流程是什么样的？能画出草图吗？
- 活动创意是什么？这个创意是怎么来的？
- 参与活动的对象和我想象中的一样吗？
- 活动结束后，有更加了解活动对象的喜好吗？
- 做数据分析了吗？主要分析了哪几个维度？得出了什么重要结论？
- 活动还有能改善的地方吗？我犯了什么错误？
- 下一次活动能比这一次做得更好吗？

至此，我们进入战略分解落地方案的具体撰写。

1）路径回顾

价值观——定义需求层次——分析和解决问题的技术——具体执行

2）思考过程

第一步，我们在做战略分解的时候，价值观可以用"谨慎"来概括。《道德经》里有句话："民之从事，常于几成而败之。不慎终也。慎终如始，则无败事"。我对这句话的理解是：普通人做事常常在快要成功的时候失败，是因为我们不能在快到终点的时候依然保持谨慎的态度。如果我们在快要完成一件事的时候仍然像刚开始一样谨慎，就没有办不成的事。要想更好地完成战略分解落地方案，我们从理解战略、分解战略到落地执行，每一步都应该严谨对待。

第二步，思考战略分解落地方案的需求层次。回顾需求层次，我认为战略分解落地方案包含了安全、认知和自我实现的需求。我们坚持"谨慎"的价值观，一定程度上也是为了保障战略安全执行不走样。而认知和自我实现的需求就相对好理解了，战略分解落地的前提就是多方认知一致，然后通过方案的执行支持战略达成，从而实现自我价值。

第三步，前文已经多次提到问题解决逻辑的中心思想：**让别人能知道我们在解决什么问题（是什么）、我们为什么要解决这个问题（为什么）、我们制订了**

什么解决方案及计划如何执行该解决方案（怎么做）。放到战略分解落地方案中，针对"是什么""为什么""怎么做"分别该如何思考，如表 2-7-1 所示。

表 2-7-1　撰写战略分解落地方案时分析和解决问题的思考过程

是什么	战略的概念是什么，包括哪些内容 公司全局的目标是什么，业务分为哪几部分 我理解的公司战略是什么 从我的专业及部门定位来看，哪个板块是需要分解的 分解战略以后，我形成了什么样的部门战略 用什么方式来评估我是否达成了战略目标 有哪些因素可能会影响战略目标的达成 如果这些问题得以解决，我们计划如何超越竞争对手
为什么	从战略层面，公司能够通过方案把控局面 了解市场并分析竞争对手 发现问题，了解分解执行的阻力 掌握目前可能存在的难点及风险 能够对能否实现公司的目标做到心中有数
怎么做	如果战略理解及分解无误，计划做哪些工作 在这些工作方向下，具体的实现路径是什么 根据目前开展的工作，计划如何构建团队 公司目前的组织架构及流程是否便于开展工作 组织架构和流程优化后，如何确保员工愿意做且会做 基于这些落地策略，给目标分了几个阶段 基于阶段目标，向用户呈现的最终形态是什么

第四步，落实具体执行计划。在撰写战略分解落地方案前，先在公司内做一个讨论，基于讨论，负责分解的人去思考这个方案意味着什么，需要哪些方面的支持和帮助，然后确定下一步需要做什么。梳理出要点，形成提纲，进而开始撰写。

3）撰写框架

根据以上思考过程，大家在实际撰写的时候不一定能迅速开始，因为很多内容都是反复训练、思考，进而内化的结果，所以这里啰唆一点，在思考战略分解落地方案的过程中，我们要尽可能有全局思维。

树立全局思维的第一个关键就是理解业务。通常来说，大部分商业模式都是为用户提供产品，产品本身并不能体现价格或决定价格，产品本身体现的是公司的价值追求。同时，我们面临的可能不仅仅是实体型产品，还有不能单纯用价格衡量的服务型产品。所以从长期来看，只有从公司及产品的价值追求出发，通过产品质量、产品服务等传递公司创造的价值，才可能在用户和公司之间建立一种选择关系，如果基于这种关系，用户追求的价值得到满足，追求的美好生活得以实现,那么这种关系会越来越稳定。

树立全局思维的第二个关键是理解客户。我们有没有认真考虑过,客户是谁?我们和他有什么互动?用什么方式互动?坦白来说,现在很多公司都是透过产品贴近顾客,进而实现营销或裂变。但衡量客户的核心标准是我们的产品是不是他的必选项。当顾客认同我们的产品,离不开我们的产品时,他们才是我们要价值创造去追求的客户。

树立全局思维的第三个关键是理解时代。有这样一句话:互联网等技术为这个时代提供了这样的基础——横向看用户在一个个平台,纵向看用户在一个个社群。所以我们在实际工作中需要解决四个关系:用户跟平台的关系,平台跟平台的关系,平台跟社群的关系,社群跟用户的关系。因此不管我们是运营平台还是维护社群,我们的目的都是将价值传递给用户,用户就是我们可以传递和链接的对象。但在传递的过程中,我们需要注意以下几点:平衡短期目标与长期价值;要有精益创业的思维;要认识到可能会存在短暂的混乱局面。

基于对全局思维的认识和理解，再撰写战略分解落地方案，思路会更加清晰。从市场的发展变化来看，市场是动态竞争的，任何寡头都不可能永远垄断。我们做战略分解，一方面要有必胜的信心，另一方面也要聚焦价值本身，关注市场占有率及资源管理。市场占有率是我们可以用产品维系或提升的；资源管理如果能够管控好，能有效提升公司收益。所以资源要用到有创新力的事情上、对现金流及资本运作有助益的事情上、对品牌有影响力的事情上和可以用以和客户沟通的公共渠道上。

①标题：Y公司社交电商平台年度运营方案。

②副标题：日期、姓名。

③Part 1 战略理解：描述对公司战略的理解，列出自己要分解的战略；分解战略以后形成了什么样的部门战略；用什么方式来评估是否达成战略目标；可能会有哪些因素影响战略目标的达成等。

④Part 2 落地策略：如果对战略理解无误，计划做哪些工作；在这些工作方向下，具体的实现路径是什么；根据目前开展的工作，计划如何构建团队；公

司目前的组织架构及流程是否便于工作开展；架构和流程优化后，如何确保员工愿意做且会做。

⑤Part 3 阶段目标：基于上述落地策略，把目标分为几个阶段；基于阶段目标，向用户呈现的最终形态是什么。

⑥Part 4 资源需求及说明。

4）案例分析

为了使案例具有代表性且贴近生活，我选择了一个社交电商的场景。

假设我们身处一家社交电商平台运营公司，公司的核心战略目标就是提升 GMV（Gross Merchandise Volume，商品交易总额）并扩大在平台从事产品推荐的用户数。

假设我们是该公司平台运营负责人，结合我们的观察、思考、体验，初步得出结论认为社交电商平台要想持续发展并走得更好，不仅仅要关注流量，还要构建一套强有力的培训体系。这套体系可以保障整个平台的生态更加成熟，甚至有机会孵化自有品牌。基于这个想法，你对公司"提升 GMV 并扩大在平台从事产品推荐的用户数"的战略进行了分解。

Y 公司社交电商平台年度运营方案
(2022 年 2 月 1 日　June)

Part 1　战略理解

要理解"提升 GMV 并扩大在平台从事产品推荐的用户数"这个战略，我们需要先回顾社交电商平台的定义。面对众多社交电商平台，我们总结出如下共性：一是深度运用社交网络（包括社交平台及线下的社交圈子）；二是在交易达成的过程中，社交电商从业者本身会参与生成内容；三是在交易达成的过程中，互动的内容质量和频率都很高；四是每个参与的人，都可能既是消费者，又是关注者、分享者、质疑者、讨论者。

根据这些共性，我们可以看出，在社交电商平台中"人"非常重要。他既可能是从业者，也可能是消费者，还有可能时传播者，平台随时有机会享受他为平台带来的免费流量。

基于此，这个人会不会传播、传播什么内容就显得非常重要。如果这个人具备较强的传播能力，对于平台及本人而言，都是利好的。平台在做培训时，可以实现一对多，从互联网经济规律来讲，培训体系的成本是固定的，培训的人越多，边际成本越低。

换句话说，培训老用户肯定比拉动新流量容易，因为在培训体系的搭建中，很多资源都可以进行内部协调，过程更可控。而且一旦展开培训，参与者的能力得到提升，会产生"裂变"的效果。因此，作为平台运营负责人，计划将培训产品推荐人作为本部门的核心战略予以推进。

Part 2　落地策略

要确定详细的落地策略，首先要明确培训的注意事项。从培训体系建设的总体思路来看，我们在培训落地时需要考虑以下几点。

第一，对用户进行分类。对于不同的用户，培训课程的设置应该不同。当然这对我们的用户运营能力及数据分析能力是一个考验。要确保我们能找到划分用户的标准，根据用户的状况，确定是以用户加入时长还是消费额，或是其他标准去划分。

第二，培训讲师的选择与宣传。什么样的人在这个群体中是具备权威性的，什么样的标签和称号是能够吸引用户的，基于这些问题去考虑和选择讲师，从本平台走出来的会比从第三方请来的讲师更有吸引力。

第三，培训目标的制订。什么样的指标可以考量我们的培训效果，同时可以用来复盘总结，为平台的发展带来长足的效应？答案一定不仅仅是参与人数，那我们就要思考如何制订相应的指标来考量培训效果。一般情况下，以产品销售状况为指标较为合适。一方面有利于在短期内维护与合作伙伴的关系，另一方面又能观察培训后的销售变化，全流程扶持平台从业者。

第四，培训时间的选择。宝妈近年来成为社交平台从业者的主要力量，正是因为不能全职上班，所以在培训时间的选择上要避开孩子上下学等时间点，确保这些宝妈有机会、有精力全程参加培训。

明确培训的注意事项以后，就可以结合这些注意事项开始搭建培训体系。具体应该如何搭建呢？我们分析了影响培训结果的两个核心因素——课程和师资。

①解决课程问题

课程来源问题。 培训重要，培训的内容更重要，我们可以把课程开发当成产品开发，以此来解决课程来源问题。因此课程来源有三个方面。一是与平台相关的。即围绕平台新功能、新活动而开发的课程，这部分课程可以作为通识课程，强制要求用户学习。因为如果用户对平台都不熟悉，那么他肯定无法和平台一起走得更远。同时设置反馈入口，确保用户的问题、新的需求能够及时被接收和评估，进而逐步完善平台。二是与运营相关的。通过对社交电商平台的共性的分析，我们能够得知产品推荐是一项对运营能力要求极高的工作，需要有内容生成能力、推广能力和活跃用户的能力。因此也需要针对日常的运营技巧进行培训，最好分场景和类目进行培训，这样更有助于用户活学活用。三是与外部资源相关的，尤其是品牌商。社交电商平台卖的都是品牌商的东西，品牌商对品牌、产品、市场和竞品的情况都足够了解，因此品牌商是可利用的资源，甚至可以开通品牌专场培训，让品牌商报名参加，也让用户感知到平台的强大，增强平台自信。

课程机制设置问题。课程来源问题解决以后，就要考虑课程机制设置问题，即应该包括哪几个方面、怎么让课程内容更丰富等。结合社交电商平台的特征，这里我们至少需要考虑推广技能、团队管理、平台操作等几个方面。既然我们要像管理产品一样管理课程，那就要建立管理课程生产的机制。可以从四个方向考虑，包括课程研发、课程推广、课程呈现、课程迭代，以保证课程质量。因为平台的从业者不仅仅是从业者，也是我们平台的用户，所以也需要对其进行教育、引导及培养。

②解决师资问题

师资组成。师资可以来源于内部选拔及外部合作，内部选拔主要是培养业务骨干，为平台打造官方讲师。外部合作主要是和平台的从业者合作，他们对平台较为熟悉，能够成为平台讲师对他们也是一种激励。

师资包装。主要从两方面考虑，一个是标签，另一个是风格。在这个人人都是 KOC 的时代，几乎每个人都能提炼出自己的标签。标签提炼出以后，需要进行风格打造,即构建统一的物料风格,让用户下次一看到这张海报,就知道这是我们平台的培训。

师资激励。关于激励机制,主要从四个方向考虑。一是帮助讲师进行宣传和包装,提供流量扶持,获得曝光;二是完成讲师官方认证,授予讲师荣誉称号,在重要场合和事件中给予资源倾斜;三是与讲师建立长期合作,可共同开发付费课程;四是基于课程参加情况、学员反馈和课程质量,为其提供奖励。

Part 3　阶段目标

阶段的划分很重要,如同一个人的职业生涯阶段一样,每个阶段都对我们有不同的作用和影响。从专业方向的选择到教育机会的选择,再到职业方向的选择,在哪里读什么样的专业很大程度上会影响我们的职业方向。同理,在战略分解方案的落地中,一个阶段也会影响另外一个阶段。

我们把战略目标分解方案的实施分为三个阶段,各个阶段的情况如下。

① 第一阶段

- 梳理培训体系建设思路。
- 梳理培训现状。
- 梳理分工界面。
- 与公司确认培训体系建设的思路。

② 第二阶段

- 根据分工梳理平台需要整理的培训内容并列出清单,跟进进度。
- 根据培训历史和用户需求,落地一堂新开发的课程,完成培训体系"穿越"。

③ 第三阶段

- 总结并进一步完善体系。

Part 4　其他说明

- 暂无。

08
入职前的分析方案

换工作俗称跳槽,大部分职业规划师都会建议职场人在换工作之前做好成本分析。这个分析通常包括两个方面,一是现有平台的情况,二是心仪平台的情况。

对于运营人来说,虽然不同行业的职业道路可能不完全相同,但职业生涯大致都会经历以下进阶之路。

运营助理——这个阶段主要累积认知,了解运营的工作范畴,对内容、数据、推广等建立认识。

运营专员——这个阶段的运营人可能具备对上述

某项工作独立负责的能力，或者能够单独执行某一事项，了解这个事项的关键节点并且有把控意识。

运营经理——专注于某个方面，如用户、内容、活动等，能够量化并协调项目相关资源以达成目标。

首席运营官——对互联网及所在行业有深刻的认识和理解，对目标有把控力，能合理分配资源。

在这个成长路径中，可能有一部分人一直徘徊在某个阶段，而另一部分人则实现了跨越和跳级，取得了更好的发展。但无论怎样，我们在换工作之前，一定要对心仪的平台进行全面分析，一方面加深对平台的了解，另一方面为入职后的工作做好准备。

这里我想分享一下陈春花教授关于跳槽的观点。

很多年轻人喜欢跳槽和更换职业，甚至认为这是有能力的表现，其实这是极其错误的认识。对于一个能够成长的人来说，知识和实践的积累是极为重要的，这里的积累不是指你拥有的证书或丰富的履历，而是你在一个领域中实实在在的认识和沉淀。

在一个人的发展过程中，全神贯注、集中意念是一种至关重要的品质。适当地集中精神意念，会产生难以置信的效果，尤其对于那些在某个领域尚未窥见门径的人来说。培养集中意念的能力是每个成功人士必备的特质，也是一个人所能获得的至高成就。

当然，很多年轻人不管是主动还是被动，都存在跳槽的可能。在进入一个新的组织前，确实需要做好分析，进而让我们快速融入公司业务，缩减磨合周期。这里，我们仍然从路径回顾、思考过程、撰写框架到案例分析来具体说明。

1）路径回顾

价值观——定义需求层次——分析和解决问题的技术——具体执行

2）思考过程

第一步，在撰写入职前的分析方案时，核心价值观是客观。客观地分析过去、现在及将来；客观地问问自己到底想要什么；客观地问问自己面临着什么问题。

第二步，思考年度运营方案的需求层次。回顾之前的需求层次分析，我们在入职前做分析方案主要是为了满足安全需求和认知需求。

第三步，使用分析和解决问题的技术。在大部分情况下，入职前的分析方案对我们自己更为重要，所以这里我们以主动分析的视角入手，从"是什么、为什么、怎么做"来拆解：入职前的分析方案是什么；为什么要做，做出来有什么意义；具体应该怎么做。因此，入职前的分析方案及其分析和解决问题的思考过程如表 2-8-1 所示。

表 2-8-1　撰写入职前分析方案时分析和解决问题的思考过程

是什么	我在分析什么
	我的分析对象是谁
	我的分析有什么意义
	我目前已经了解哪些信息
	我还想了解哪些信息
	我身边有谁对此比较了解或完全不了解
	我计划找谁进行沟通
为什么	我为什么要做这个方案
	我为什么想了解分析对象
	什么样的分析是客观的分析
	我目前的思路是否可以帮助自己做出更优的选择

续表

怎么做	我计划分析哪个时间段 我对分析对象的认知是什么 正式开展工作后,我计划如何做 我可能会面临什么困难 如何让该平台的工作与我的目标相契合 我要如何评估我的方案是否客观

第四步,落实具体执行计划。这个方案在撰写时,比较复杂的是信息收集与评估环节。如何获得更前沿的信息,如何让自己的评估客观公正,是撰写这个方案的难点,也是避免做出错误判断的根本。要做到这一点,就要避免认知上的局限性与片面性。可以试着从以下三个方面入手:一是与和自己意见相反的人进行沟通,相反的意见可以帮我们补充信息认知的不足,让我们更好地看到事物的全貌;二是多方比较,将现在的平台与理想的平台做优劣势比较,将他人的认知与自己的认知做比较,寻找不同点,并问"为什么";三是重复前面两个过程。长此以往,就能养成辩证看待问题的思维方式,不会再因为冲动而做出错误的决定。

3）撰写框架

在思考入职前的方案时，主要工作重点是分析和总结。分析心仪平台的情况，总结自己的优劣势、匹配点、需求点及期望值。我在 2013 年写过一个总结报告，提到自己的三个缺点，其中一个是迷信权威："认为比自己资历老的同事一定比自己能力强，比如在很多关于运营的事情上，我就认为某同事比我厉害，有时候我相信他比相信自己还多。但事实上，自己比任何人都可靠，因为自己才是可控的。"

一个人的优劣势在一定程度上会伴随你很长时间，比如迷信权威这一点，直到现在我身上都有。所以在分析和总结自己的时候，客观是最重要的，不要认为自己在短时间内能补充短板。基于这个背景，我整理了如下框架。

①标题：H 公司入职前的分析方案。

②副标题：日期、姓名。

③Part 1 分析目的：说明自己为什么会做这个分析，做这个分析的目的是什么。

④Part 2 分析策略：说明自己在撰写该分析方案时计划获取信息及数据的渠道，及计划采用什么方法筛选出分析结论。

⑤Part 3 初步结果：根据分析结果，结合自己的需求，给出初步结论。

⑥Part 4 可能需要进一步思考的问题。

4）案例分析

我曾做过一次深刻的入职前分析，比上文罗列的框架更复杂一些，主要对自己产生离职想法背后的期待、思考问题的方式进行了洞察，以及对下一阶段的目标进行了分析。分析了自己擅长的方向，是用户增长还是用户转化，是 GMV 提升还是团队成本管控。通过深入分析，我对自己和目标都有了深入的理解。

关于自己的思考：问自己要干什么，是不是一定要干这件事，干成以后，自己是否甘心；是否舍得投入，是否能坚持下去，是否具备坚持下去的勇气；有什么方法可以找到自己的缺点；敢不敢面对自己内心真实的需求；是否明白上一个台阶后，路就宽了的道理。

关于目标的思考：让自己足够强，让目标足够坚定；愿不愿意拼命干一件事；能不能持续加强学习，提升"吃亏"频率；是否具备复盘总结的能力；目标是否长远，路径是否清晰；在达成目标的路上，是否可以不在意别人的眼光。

以上这些思考真的帮助了我。在本节的案例部分，假设我们已经工作 5 年，希望转行到咨询行业，入职前的分析方案如下所示。

咨询行业入职前分析方案
(2021 年 5 月 1 日 June)

Part 1　分析目的

基于上述假设场景——"工作 5 年，希望转行到咨询行业"，考虑到缺乏咨询经验，所以选择的目标公司属于非头部的咨询公司。假定该公司为 A 公司。我们做分析的核心目的是帮助我们了解转行做咨询的可能性及可行性，熟悉目标公司情况。

首先分析 A 公司目前所处阶段。按照 0 到 1、1 到 10 的阶段定义来评估，A 公司还处于 0.5 阶段。A 公司本身的商业模型是提供管理咨询服务，在服务过程中帮助服务对象建立公司内部及外部相关管理工作的积分体系，包括行政管理、用户管理等。关于积分系统，A 公司目前有既定的建立方式。旨在帮助传统企业消除与互联网的隔阂，解决各方面信息不对称的问题，提升企业的竞争效率。

其次分析 A 公司当前有哪些重要事项，这些事项中有哪些是我擅长并想做的，有什么样的资源和能力可以支持我做好并做下去。根据分析及整理，A 公司目前的重要事项如下。

第一，从项目本身来看，目标公司的"产品"有前端和后端之分。但无论如何，针对"产品"本身，我们需要深入思考以下几个问题。

①我们的产品卖给谁？确定目标人群，选择一群人，同时还要清楚地定义和描述这一群人，了解他们对我们提供的产品及服务的看法。比如我们面对的用户是小企业，那这是一群什么样的小企业，

它们对互联网的认知是什么，对VIP的认知是什么，它们如何与客户互动，对提供我们这类服务的企业怎么看，它们将如何理解我们可能会提供的这类服务等。

②它们为什么要买我们的服务？是因为我们的价格便宜，服务专业，模式新颖，还是因为我们可以精准解决它们的痛点？总之，要明确是产品的哪一点让他买单的。

③如何让它们知道我们？即我们应通过哪些渠道宣传自己。行业媒体？个人IP？线下会议？这些客户习惯在哪里搜集信息，我们就要在哪里传播。

第二，围绕目标公司要做的模式及产品，对资源进行梳理。列出资源清单，明确哪些资源可以持续挖掘，如何充分利用资源，有没有Plan B；风险最可能出现在哪些环节，目前还没有想清楚的问题有哪些，应该如何解决；如果失败，会造成什么损失，会有什么收获，这个损失我们是否可以承受。

第三，针对"产品"本身，对不同场景下的用户流程进行简单梳理，以了解流程是否足够畅通，是否需要优化,是否能发现并界定问题。A 公司本身的商业模式是提供管理咨询服务,在服务过程中帮助服务对象建立公司内部及外部相关管理工作的积分体系。那么在用户管理环节,尤其是在 VIP 用户服务中,有很多地方需要特别注意。例如我们为企业提供技术和服务后,企业能否真正落地,公司是否计划帮助企业建立落地的能力,以达到预期的咨询服务效果。

第四,确认目标公司的商业模式是否已有成功案例。分析这些案例是怎么成功的,尤其是分析在这些案例中,公司做了什么,哪些环节还可以优化。成功的案例本身不重要,其背后的逻辑才重要。

Part 2　分析策略

提到分析策略,首先要了解分析方法。从分析的目的来看,主要有了解现状、了解原因、未来预测,从分析的方法来看,主要有对比、细分和预测。每个方法对应不同的分析手段。因此我们的分析策略,可以以下表为参考对象。

分析目的	分析方法	分析策略
现状分析	对比	对比分析法
		平均分析法
		综合评价分析法
原因分析	细分	分组分析法
		结构分析法
		交叉分析法
		杜邦分析法
		漏斗图分析法
		矩阵关联分析法
预测分析	预测	回归、决策树等分析方法

虽然大部分的数据分析都是定量的，但我们可以通过对比现在与未来、对比自己意见与他人意见，来获得对现状更为客观的认识。

Part 3　初步结果

根据初步分析，此时可能不是最合适的转行时机。但可以基于这个分析，从以下几方面尝试打造自己的IP，为日后实现目标做准备。

①梳理自己这些年累积的标签，如某领域的专家、有丰富的行业经验、服务过1万余名客户等。

②根据梳理的标签,分析并定位适合自己的平台,如视频号、抖音、微信公众号、知乎、微博、小红书等。

③梳理完标签,选定平台以后,就要研究竞品。这里的竞品主要指与你计划打造的内容方向相似的 IP。至少分析十个 IP,看看他们打造的是什么人设,是怎么介绍自己的,是怎么发视频的,发的是什么内容、什么频率,然后根据分析,结合自己的标签定义自己的人设。

④在定义人设时,在不同平台的 ID 要一致,个人的介绍、描述也要一致,相互之间可以引导关注。

⑤完成以上工作后,还需要考虑内容本身。这里不建议每天都发布内容,因为内容质量和数量在一定程度上成反比。可以在周一发美食、周三发专业知识、周四发热点、周五发活动。每发布一条内容都要有仪式感,比如贴个标签,使用固定的开头模式等。

⑥梳理周边的资源,将所有的微信好友、QQ 好友、公司平台用户等进行分类,在账号内容和人设有一定积累以后,选定一批人,开展一次拉新活动,比

如开一次线上直播。

⑦最后,一定要明确目的。想清楚自己为什么要做这些账号和内容,如果将来要变现,现在应该如何打基础;如果要把自己打造成一个专家,最终希望这个身份能给自己带来什么。

Part 4　可能需要进一步思考的问题

主要基于实际分析结果,提炼还未解决的问题,然后逐一击破。

09
想创业，BP 不可缺

我把这本书定位为一本面向"0 到 5 岁"职场人的书。后来在与一个朋友沟通时，他说："June，0 到 5 岁的职场人是不是不需要写 BP（Bussiness Plan，商业计划书）？"于是我开始思考是否将本节换掉，选择一个更高频的场景，但最终还是选择了保留。工作时间短，并不意味着没有创业机会，不会去见投资人。

在正式拆解 BP 之前，我想先分享一个现象，我将其称为"健身教练现象"。其中的内涵，对于后期要创业的运营人必定有所帮助。

近几年健身行业火热，我们打开朋友圈常常能看到关于健身和跑步的分享。我曾与一个健身教练深入交流过,谈到他了解的健身工作室的生存状况,他觉得一个优秀的私人教练开工作室,可能会面临以下几个问题:

一是定位的转变,从一个技术型人才转变为一个管理型人才;

二是用户流失,曾经的会员可能会追随他,但不是 100%;

三是思路的转变,原来工作考虑的是技能提升问题,开工作室之后要考虑生存的问题。

作为一名运营人员或其他某个垂直领域的人才,大多负责过 A 产品的运营规划、B 产品的运营策略部署和 C 产品的用户拓展。如果运营人员去创业,像不像一个健身教练自己开工作室?很像。

这就解释了为什么在很多运营人员创业开发的产品上,我们看不到他本人的影子,正如开了工作室的健身教练不再指导会员健身一样,他要负责战略和资源统筹。所以计划开始创业的小伙伴,一定要做好思考和规划。在正式撰写 BP 之前，我们先来聊聊需要注意的问题。

建议 1：运营人在传递产品定位时，表达要统一。

从平台描述来看，想引流的用户类型和我们想传递的产品定位要一致。假设我们要做短视频平台，那么在传递定位的时候，我们需要考虑以下问题：

产品作用是什么？目标受众是谁？他们的核心诉求是什么？我应该如何利用文字和他们交流？他们还有哪些潜在需求？我要如何引导他们？

根据目前产品功能表现出的定位，至少要帮用户找到一批可以一起"玩"的人。

建议 2：内容运营其实是讲自己的故事。

你提出的想法，一般情况下不会是独一无二的，所以"竞品"在讲什么故事、谈什么情怀，我们都可以研究，但这绝对不是核心，因为运营人自己的故事所传递的气质才更有可能给这个想法加分。

在这个内容为王的时代，自媒体平台=官网+广告+

客服+品牌，这对产品来说很重要，尤其是初创产品。所以运营人创业，理论上就是选择适合自己的平台来讲故事。

回到内容本身，对于运营人来说，做内容是一项基本能力，所以我们在视频号中会看到很多同行。假设我们要从内容层面进行创业，除了定位、目标用户分析、竞品分析等基础工作，要想在内容领域创业成功，还要把做内容当成做产品。

建议 3：打造 IP 资源，利用并放大。

在互联网行业，无论是做 O2O（Online To Offline，线上到线下）、互联网+、互联网思维，还是互娱、自媒体，通常情况下，只要能挣脱自我束缚，获得更多流量，就有可能打造出 IP。这几年最值得我们学习的 IP，就是罗辑思维，罗振宇先用罗辑思维打造 IP，再用得到做生意。这个案例虽然比较老，但仍然值得我们学习。

我们可以先思考两个问题：一是得到主要的商品是付费知识，为什么可以通过得到 App 卖得那么好？二是得到的产品并不比其他渠道卖得便宜，为什么用户还会选择它？答案很简单，因为它提供了一个跟目标用户有强关系的 IP。这个 IP 可以让得到走得更远，只要持续提供用户碎片化学习所需要的知识，之后是否与罗振宇有关已经不重要了。

对于我们也是同理，假如我们打造的 IP 是一个热爱音乐的运营人，那我们可以给用户讲的故事是：他爱音乐、做音乐，并通过创业成就了自己，且这条路线人人都可以复制。故事有很多，关键看我们想表达什么。

建议 4：关注用户反馈，保障通道顺畅，注重分析迭代。

关于这一条的含义不再赘述，这里提几个我常用的方法。

①方法一，用户访谈，采取面对面或者焦点小组的形式，了解核心用户的需求，收集相关信息。

②方法二，反复"穿越"，进入用户或团队内部，优化细节。

③方法三，问卷调查，有人会觉得这个方法比较陈旧，但它依然是收集信息最高效的方法之一，并且

可以随时查看结果及进行多维度分析。

④方法四，数据分析，根据当前用户的使用数据，分析用户使用情况及可能存在的问题。

⑤方法五，用户评论分析，包括微信评论、微博评论、店铺评论、应用商店评论等。

建议 5：重点打造产品某一个功能。

产品在服务及功能上一定要有特色，才能和竞品区分，并且被用户传播。当我们建立了运营体系，同时专心打造产品的某一个功能时，不但能快速看到效果，还能更好地管控整体运营资源。

带着这 5 个建议，我们来看看 BP 应该怎么写。

1）路径回顾

价值观——定义需求层次——分析和解决问题的技术——具体执行

2）思考过程

第一步，BP 作为常见方案的一种，拥有较强的决策属性和风险属性，那我们在撰写 BP 时的价值观也就显而易见了——敬畏心。南宋学者朱熹在《中庸注》中说"君子之心，常存敬畏"。心有敬畏，行有所止，敬畏心具有警戒与自省的作用，将它作为 BP 撰写的核心价值观非常合适。

第二步，定义需求层次。BP 包含的需求层次较多，有安全、认知、审美及自我实现等需求。

第三步，使用分析和解决问题的技术。在通过 BP 解决问题时，仍然需要呈现是什么、为什么、怎么做，即让别人知道我们在解决什么问题（是什么）、我们为什么要解决这个问题（为什么）、我们制订了什么解决方案及计划如何执行该方案（怎么做）。但在实际场景中，因为时间关系，可能没有机会将方案全部展示完，所以方案的前几页非常重要。如果是现场路演，前 5 分钟的展示将决定听众是否会听下去。所以我们的方案要快速进入正题，集中展示改变了什么、做了什么、有什么事实证明我们做得有效果。结合解决问题的技术思考，在"是什么"环节说清楚项目是什么，团队是谁，做了什么；在"为什么"环节说清楚为什么要做这个项目，为什么投资这个团队，能做到什么，有哪些事实可以证明；在"怎么做"环节说清楚执行规划。详细框架如表 2-9-1 所示。

表 2-9-1　撰写 BP 时分析和解决问题的思考过程

是什么	团队或公司简介
	发现的问题或机会
	项目及解决方案介绍
	市场目前的状况如何
	计划用什么产品去解决什么问题
	构建了什么样的商业模式
	融资计划
为什么	为什么要投资：因为已经有用户或市场份额
	为什么要投资：因为对竞品做了详细分析，有信心
	为什么要投资：因为有好的团队
怎么做	对于整个项目周期的安排

第四步，落实具体执行计划。上文已经说过因为 BP 相对复杂，所以需要分步骤执行。首先针对上述三步制作思维导图，明确在"是什么""为什么""怎么做"三个环节应该呈现的具体内容；其次分析人员、项目、资金需求这三要素，团队怎么搭建和分工、项目本身还有哪些地方考虑不到位、资金需求有多大且从何而来；最后梳理提纲，开始方案的撰写。

3）撰写框架

BP 即 Business Plan 的缩写，一般指商业计划书。大部分情况下是写给投资方看的，当然有些公司到年底也会要求业务负责人或相关部门负责人撰写 BP，所以 BP 从广义来讲，是为了预测业务的发展及成长情况并为其做好具体规划的方案。本书讨论的是面向投资方的商业计划书，按照上述思考过程，一份 BP 一般包括以下几个部分。

①标题：Y 公司 Y 产品商业计划书。

②副标题：日期、名字。

③Part1 项目简介。

④Part2 问题及机会。

⑤Part3 解决方案说明。

⑥Part4 市场及竞品分析。

⑦Part5 产品介绍。

⑧Part6 商业模式。

⑨Part7 用户经营计划。

⑩Part8 管理团队介绍。

⑪Part9 财务及融资需求。

4）案例分析

在选择 BP 案例时，我回顾了自己撰写过的 BP，其中有两个记忆非常深刻，一个是被投资人"忽悠"而写的 BP，另一个是参加创业大赛写的 BP。这里我选择将创业大赛的 BP 作为案例分享出来，其一方面获得了投资人的指导，另一方面还是团队共同努力的结果，在这里想要感谢一直在路上的创业者楠楠和美丽聪慧的淼淼。

在校内决赛时，评委反馈我们团队的方案框架完美，但在内容上还存在很多不足，比如技术实现方式等。所以我们的案例呈现也以框架展示为主。

Y 公司智能养老服务机器人商业计划书
(2020 年 3 月 1 日　June)

Part 1　项目简介

我们计划做一个关于智能养老服务机器人的项

目，促使人工智能及大数据运营服务于健康养老。使每个老人都能获得陪伴，让老年生活值得期待。

Part 2　问题及机会

中国发展基金会于 2020 年 6 月发布的《中国发展报告 2020：中国人口老龄化的发展趋势和政策》显示，全球每 100 个 65 岁以上的老年人中，有 23 人在中国；2019 年中国共有 1.6 亿 65 岁以上老人，超过总人口的 11%；到 2022 年，65 岁老人将占到总人口的 14%；同时，中国每年有 4000 万老人跌倒，有超过 20% 的老年人在跌倒后受重伤。这个数据说明在当代年轻人与父母异地而居常态化的情况下，老人的养老及防摔将成为大家关心的问题。

我们的父母及我们未来应该以什么样的状态来养老？在什么情景下，我们才会对老年生活有所期待？这两个问题已经逐渐逼近 80 后这一批互联网原住民，因此这个市场存在巨大的机会。

Part 3　解决方案说明

针对我们发现的问题及机会，我们计划研发智能养老服务机器人，运用人工智能技术及大数据运营，以防摔为核心，进行产品设计。

Part 4 市场及竞品分析

养老现状分析：养老已成为当今社会热点。在有品质的老年生活中，健康的体魄是第一要素，其次是社会关系及经济保障。当前养老市场具体情况如下。

①"十四五"规划提出要实施积极应对人口老龄化国家战略。推动养老事业和养老产业协同发展，培育养老新业态，构建居家社区机构相协调、医养康养相结合的养老服务体系。

②据赛迪顾问统计，2018年全球健康养老市场规模达到10万亿美元，增速达18%。预计2021年全球超过15万亿美元，2020年我国市场规模将达7.7万亿元。

③社会科学文献发布的蓝皮书显示：截至2019年底，中国受理机器人相关专利总量为162485件，占全球申请总量的44%，跃居全球第一。

竞争环境分析：围绕健康养老的智能应用及应用内容主要有四个方面，我们计划用人工智能+大数据的模式,以防摔为切入点为用户提供以下服务。

①老年人远程监护:通过健康服务类可穿戴设备、养老看护类终端、智能家居产品等采集老人健康数据和居住环境信息,并及时反馈给子女、医生及医疗机构,实现对老人的实时监护。

②慢性病管理:通过健康服务类可穿戴设备采集慢性病患者健康数据,由医生及医疗机构对数据进行分析处理,提供健康咨询、诊疗建议、紧急救助、康复护理等服务。

③在线医疗:依托移动健康App产品和医疗信息化平台,实现个人与医生、社区医疗机构、专业医疗机构等的对接,提供健康分析、远程会诊、挂号预约等医疗相关服务。

④社区健康养老:采集并汇总社区老年人健康数据,提供全科医生体检、健康方案反馈、便民服务等多元化服务。

此外,我们对目标用户、行业价值链及技术格局进行了分析,从百度指数来看,搜索"养老""老人摔倒"的用户很关心"脑梗死的症状";从目标群体指数来看,我们的父母正在通过百度搜索来关心自己的养老健康;从行业发展情况来看,产业上中下游初步具备发展模型;从智能应用终端来看,技术分布情况也已经摸排得相对清楚。

Part 5　产品介绍

围绕前文的问题及机会,我们计划打造的产品主要有以下亮点:随时随地的监护、监控和陪伴;智能化;可控的价格;针对老年人的特殊设计,等等。产品前端提供多种操作功能,后端对数据进行储存及分析,产品的基本信息如下。

①产品名称:抱抱

②产品愿景:让每个老人都能获得陪伴,让老年生活值得期待

③核心模式:使人工智能及大数据运营服务于健康养老

④核心功能:摔倒监控及其他安全监控、健康监控、智能生活提醒、生活陪伴、家庭协助、陪行等

⑤产品定价：XXXX 元

Part 6　商业模式

商业模式，是管理学研究的重要对象之一。当我们被问及"什么是商业模式"时，每个人都有不同的理解。有的人认为是如何赚钱，有的人认为是业务模式，还有的人认为是怎么将产品卖出去。有一款名为商业画布的工具，非常适合用于展示我们对商业模式的阐述。

①价值主张：让每个老人都能获得陪伴，让老年生活值得期待，带来极致、关怀和定制化的客户体验，创造深度服务价值。

②客户细分：老年人及其子女。

③收入来源：销售收入、广告收入、增值服务等。

④渠道沟通：B 端机构、C 端社群、自媒体平台及第三方渠道等。

⑤客户关系：成为优质硬件产品的服务商，让客户觉得安全可靠；建立软件交流平台，用户可以在平台分享、交流、参加活动。

⑥核心资源：数据资源、用户资源、平台产品开发资源、服务资源等。

⑦关键业务：看、用、买、传、体验。

⑧合作伙伴：社区机构、养老机构、硬件服务商等。

⑨成本结构：平台开发费用、运营费用、员工人力成本、办公场所及硬件费用、市场推广费用等。

Part 7　用户经营计划

在用户获取方面，C 端用户主要通过推广获取，B 端用户主要通过合作获取，而获取用户后的经营计划实施才是我们在用户端最重要的工作。因此我们总结了经营的核心：把有效信息及时反馈给用户，用新增功能来提高用户参与度。每个阶段的经营策略如下。

①引入期：尽可能降低用户的操作难度，支持游客模式，根据用户的参与深度找到高质量种子用户，并分析他们的特征，不断"穿越"他们的流程，找到该阶段的"傻瓜"式操作方式。在这个阶段，我们需要及时告知用户你来了能干什么、你已经干了什么、

其他人干了什么，及时与用户沟通和交流，并通过我们的反馈，让用户快速了解我们。

②成长期：短期用户的留存对产品是一个考验，如果短期用户参与度低，一定要思考是不是产品本身出了问题；中长期用户留存与运营策略有密切关系，要想在这个阶段提升用户参与度，就要分析留存及未留存用户的特征，不断放大留存原因，并持续给用户做出反馈，告诉他还有什么是他能做的，还有什么是我们计划做的。

③成熟期：模拟用户成长路径，提高用户活跃度，同时花精力维护核心用户。在这个阶段，我们需要与活跃用户建立起良好的沟通机制，让他知道他是我们的"高级VIP"，平台愿意与他共同成长。

④休眠期：沉默用户分为很多种，有一种属于无效用户，即一定不会参加活动。对于其他的有效沉默用户，我们可以想办法激活他们，但要注意方式。激活后要把他们当成新增用户来运营，提高他们的参与度。在这个阶段，我们需要告知用户，我们专门为他们推出了什么活动，像对待新增用户一样小心翼翼。

⑤流失期：对于这类用户我们要有清晰的定义。这类用户之所以会流失，可能是因为没得到及时的反馈和沟通，也可能是因为没有看到产品的成长。所以我们在这个阶段的目标是召回用户，通过短信、软件消息、邮箱等手段向用户反馈产品的改进和活动。

Part 8　管理团队介绍

在管理团队介绍环节，主要展示过往业绩、擅长领域及人员配备是否合理，借此说明团队有能力达成目标。

Part 9　财务及融资需求

①天使轮：计划融资 *XXX* 万元，出让 *XX*%公司股权，所有股东股权同比例稀释。

②PreA 轮：计划融资 *XXX* 万元，出让 *XX*%公司股权，所有股东股权同比例稀释。

第三章

三个真实方案赏析

在撰写这本书的过程中，我始终与目标读者保持沟通，希望展示更实用的案例。上述九大场景虽然高频，但也无法覆盖全部方案类型。本章将通过3个真实方案进一步丰富案例场景。这些案例都源自撰写者的真实经历和想法，相较我列举的案例，会有更多细节、更具实操性。一是一名95后男生在辞职近一年的时间里关于转行的思考过程；二是一名95后女生聊聊自己如何运用撰写方案的思路去剖析和培养自己的爱好；三是我一个从业3年，从0开始做私域运营的小师妹，根据本书中提到的"方案的本质"，对自己一年以来的私域工作进行了复盘。

01
关于转行

要转行，准备阶段就少不了方案
(2021年12月12日 Pasino)

June 问我有没有时间为这本书写案例的时候，我有些犹豫。不是因为没有时间，而是对一段时间没有工作及写作时须深度剖析自我的些许不自信。不过，这倒让我想起了曾经与她一起共事的日子。作为投身过数个行业的前辈，June 于我亦师亦友，"我们为什么要这么做？""这么做要解决的问题是什么？能否解决？"这种追本溯源的反问对当时初入职场的我助益良多。本书讲的是方案，适逢我想要转行，结合之前的经验写一份转行准备方案作为本书的一个案例，不失为一种选择。它可能没有年度、项目规划方案那么复杂精细，但大道至简，思路总是相通的。而且这样做也更符合我的现状，一方面梳理了自己的思路，有助于提高求职效率；另一方面，也能为前章节提到的"为什么、是什么、怎么做"的解决问题思路提供另一种视角。基于这种想法，在和 June 沟通后，决定以电商从业者转行线上旅游业为主题，写一份转行准备方案。

对于该方案，我会顺着"价值观——定义需求层次——分析和解决问题的技术——具体执行"的思路进行阐述。这样做出来的方案既有框架，也有内容，希望有利于读者阅读。

Part 1 对待价值观的态度

一个人秉持什么价值观固然重要，但能不能真诚践行自己的价值观更重要。以用户为中心，追求工作满足是一种价值观。但想有所为却又畏首畏尾，是为不智；秉承点到为止，以"混"为人生哲学同样也是一种价值观。不过想混而又贪欲不止，则为不配。具体到一份方案，我认为无论有什么样的价值观，一定要在撰写过程中时时问自己，这个方案所展示的，是我内心真实所感吗？我对自己是真诚的吗？还是许多地方都只是辞藻堆砌，自己都说服不了自己。非如此，期望和结果之间恐怕会出现或大或小的落差。

我是一个希望能做出点什么的人，基于这样的价值观，对于将要撰写的方案，有两点我非常在意：一是它能否尽快地捕捉到用户的真实需求并提出逻辑可行的解决方案；二是这个方案从执行的角度，是否具备可行性。带着这两个核心关注点，我们继续往下。

Part 2　如何定义需求

方案是用来满足某种需求的。根据马斯洛需求层次理论，需求的种类已然很清晰。这里我想说另一个自己会搭配使用的定义需求的方式——明确显隐性需求。显性需求是指用户自己能说出来的，突出的、迫切的需求；隐形需求则是指用户脑中较为模糊，甚至还未形成，但又确实能提高其体验的需求。

在正式开始方案写作前，首先要确定的是目标转业岗位，即解决我自己的需求。我预期的职业是线上旅游机构的旅拍摄影师。首先，我热爱大好河山，我坚信兴趣能让工作更有动力，并且我也享受按下快门记录美好瞬间的时刻；其次，之前的工作经历练就了我营销产品的能力，在职业生涯的下一个阶段，我需要找到一个适合自己的产品，释放它的价值。下一份工作或许不能帮我实现这个目标，但这个行业的性质是我喜欢的，只要涉足其中的一小部分，就有了跳板，能为后续的发展提供可能性；最后，我生活的城市处于平原与高原的过渡地带，是高原旅游的天然中转站。这里常年是全国跨省游的热门目的地，市场足够大，竞争壁垒也足够高。

确定了自己的需求，就该定义招聘方的需求了。最直截了当的方法当然是研究岗位要求和职责，这是招聘者显性需求的直接体现。我在各招聘平台查看了不同公司对旅拍师的要求，总结出两个共性。

一，具备从前期摄影到后期加工全流程的能力。我理解的前期能力是懂摄影原理和知识并能熟练使用摄影器材，而后期能力是能够熟练使用主流后期加工软件，同时有独立的后期加工思路。

二，能适应长期外出的工作状态。这是一个工作节奏的问题，需要从主观上应聘者能否接受及客观上实际情况是否允许来考虑。

除了显性需求，能否挖掘出隐性需求，让作为求职者的自己在面试时有亮点，就需要花一些心思了。隐形需求当然不止一种，没有人能穷尽需求。这里我决定结合线上旅游的现状及我的跨行视角来找切入点。

在查询了线上旅游行业报告、龙头企业经营状况等资料后,我发现非平台型线上旅游机构,也就是主要通过线上渠道获取客源的旅行社,现阶段的经营重心还是渠道运营。它以实地旅游为产品,通过在各类线上平台曝光内容,降低获客成本,提高效率。既然得出这样一个结论,那么它就和我之前的工作经历产生了密切的联系。这种依赖社交平台获取消费者的模式是不是很像新媒体运营?作为一个旅拍摄影师,如若还具备捕捉行业一手信息的能力,并且能帮公司打造 IP,那对于公司来说,是不是比分设两岗更经济实惠?

分析完显隐性需求,招聘者的需求便一目了然:一个既能拍,又能做运营的旅拍师。

Part 3　具体实现

明确自己和招聘方的需求后,就可以制订用来满足需求的方案了。既然是一份转行准备方案,那肯定是给自己看的。那么方案中必须明确,招聘方的需求哪些是自己能达到的,哪些是还不达标的。有能力达到的该如何展示,不足之处又该如何弥补。我对这份方案的理解,不是像列提纲一样简单的提点子,而是针对定义出来的需求提供符合逻辑的解决路径,然后再匹配资源加以评估。具体形式如表 3-1-1 所示。

表 3-1-1 转行准备方案

需求点		是否具备此能力	达成路径	面试展示方式	所需资源	预计时间	可执行性评估
长期外地办公		需进一步确认	主观意愿确认→客观家庭情况确认				可执行，主要须考虑是否存在客观因素制约
前期摄影能力	摄影知识和方法	有一定基础，但不系统	豆瓣上选择高分权威书籍→阅读学习，做读书笔记→使用相机实践操作	①使用前期采集到的素材，制作旅游攻略及Vlog各一个 ②分别展示5到10张的风光、人像类摄影照片	①相机 ②能处理影像的电脑和显示器 ③专业书籍	3至4月	总体可执行，主要须注意所选购相机的性能
	摄影设备与使用	不具备	查找相机选购的原则→选购经济能力内适合的相机→运用摄影知识和方法实践操作				
后期加工能力	PS、PR后期软件使用	具备					
	调色思维	基础较牢固，但实践不足	学习并模仿优秀摄影师的后期调色思路，形成自己的特色				
	剪辑思维	不具备	豆瓣上选择高分权威书籍→阅读学习，做读书笔记→使用PS、PR实践操作				
新媒运营方案		具备		针对目标公司，撰写抖音/小红书任一平台的IP打造方案		一周	可执行

此表清晰展现了各个需求点之间的关系，以及每个需求点应该以什么样的节奏推进。可以看到，整个方案执行下来，将持续四个月左右的时间。这对于一个已经辞职的人来说不算短。我不禁问自己，这个方案是我想要的吗？仔细再看一遍，答案是肯定的，那我愿意花这个时间。那这个方案是可执行的吗？至少就现在而言，在逻辑上是通顺的。至于在执行过程中会遇到什么插曲还未可知，我要做的就是坚持下去，剩下的都交给时间。

Part 4　写在最后

方案千千万，其实只要有心，绝大多数事项都能做出方案，因为大部分事项都是在解决问题，大问题中包含小问题。具体的方案模板很重要，好的路径至少能为你的方案提供一个下限保障。不过我更在意的还是一个人所秉持的价值观及解决问题的思路，这才是方案的上限所在。

02
关于爱好

爱好,也可以有养成计划

(2021年7月1日 Tonia)

我们常常不知道自己有什么爱好、有什么兴趣,喜欢什么、擅长什么,但工作时间越长,就越能感受到爱好的重要性。我将爱好视为人生的必需品,有了爱好,我们的人生中才可能会出现更多的社群,而不是孤独的前行。

在把这个养成计划呈现给大家之前,我想先介绍一下自己。我是一个热爱生活的人,会在工作之余,努力经营自己的生活。我认为在对自己的爱好和需求都没有规划的情况下,大部分碎片化时间都会被手机占据,因此希望自己能有计划地去发展和深化一个爱好,逃离"低头族"。结合 June 的方案撰写路径"价值观——定义需求层次——分析和解决问题的技术——具体执行",我撰写了这份爱好养成计划。

Part 1　为什么要培养爱好

精神角度

①充实业余生活。通过整合碎片化时间,专注地投入到一件事情中,使精神生活更丰富、更有意义。

②拓展社交圈。通过参加一些与爱好相关的活动、比赛,结交志同道合的朋友,并通过友好竞争提升自我。

③留下独一无二的生活印记。无论是精进爱好的过程,还是年龄增长的过程,抑或是关系发展的过程,都能利用自己的爱好和技能,为人生的每个阶段留下印记。

物质角度

探索"斜杠"的可能性。在爱好技能有一定水平和风格后，将自己的作品出售，以此获得工具、技能方面的升级，持续性地支持对爱好的培养和提升。

Part 2　我计划培养什么爱好

为了实现以上需求，需要选定一个本身具有完备的知识体系和深度，需要花时间去学习和钻研的爱好。在此基础上，选择一个贴近自身天赋的爱好更有利于持续性地培养和发展爱好。根据我本身具备的条件：拥有一定的美术功底、动手能力较强、对视觉美感敏锐……可以得出结论——我在艺术性、创造性内容方面更有天赋，于是，绘画、手工、摄影等领域成了可供选择的对象。结合现有知识基础、工具设备及可实施性等各方面情况，我认为摄影是最契合及满足我自身各项需求的爱好，值得培养。

Part 3　我计划怎么培养爱好

经过分析和了解培养内容（如表 3-2-1 所示），初次系统培养计划时长约 6 个月，且需要进行每周 8 课时的理论学习，及每月 2 次以上的设备实操。

表 3-2-1　如何系统地学习摄影

内容版块	摄影基本概念	图片知识			设备知识		后期制作
		佳作赏析	构图知识	光影知识	通用参数	设备操作	
课程比重	10%	30%			35%		25%
学习目的	学习美学/摄影学/历史等宏观知识，形成对摄影的基础认识	提升基础审美能力，学习画面比例、构图、光影等画面表现基本知识			掌握相机通用参数的含义和应用，并能够熟练操作自己的设备		熟悉后期软件种类，能够对自己的摄影作品进行后期制作
学习方式	借助书籍、文章、论坛等进行理论知识学习	• 书籍、文章、论坛等 • 自费/付费课程 • 随时创作，利用理论知识，带着寻找美的目的进行拍摄，无论身边有什么设备，都可以记录下美的瞬间，从而培养自己发现美的习惯和能力			借助书籍、文章、论坛等进行理论知识学习		• 自费/付费课程 • 实操 • 书籍
学习内容	摄影学/美学相关，掌握宏观基本知识，对摄影这件事本身形成多维度的认知	通过赏析清楚地知道，什么是摄影佳作，好的作品与不好的作品有什么区别，佳作的美在于哪里	掌握摄影基本构图知识，了解不同构图方式的作品，学习在不同场景下灵活使用不同的构图方式	了解光影常识及摄影中常用的各种不同的光线，能够识别摄影作品中的布光方式并复用到自己的作品中	掌握相机通用参数的含义和应用	熟练操作自己的相机设备，拍摄出满意的作品	后期软件应用方法
参考书籍	《论摄影》《A·亚当斯论摄影》《观看之道》《摄影大师对话录》《世界摄影史》	《美国国家地理125周年》《看照片看什么》《写真物语》《我们这一代》《当代摄影大师》	《摄影的骨头》《摄影摆姿与图像语言》	《布光拍摄修饰》《绝美人像摄影完全解析》《热靴传奇》《雕刻光线》	《摄影笔记》《一本摄影书》《纽约摄影》		《数码摄影后期高手之路》《Photoshop修色圣典》

03
关于复盘

做了一年私域，我学会了什么
(2021年12月30日 Bonnie)

去年，我离开了就职满3年的第一家企业。离职的原因是希望寻求两方面的突破：一是角色转变，从个人贡献者到团队贡献者；二是弥补缺失，在上一家公司一直从事跨境电商的运营推广，对于国内互联网的各种理论和打法都不是很熟悉，想结合国内业务练习并精进自己的技能。幸运的是，经过一段时间的思考和选择，我入职了国内一家垂直类电商平台，开启了国内互联网运营技能学习之路的同时，也开始接触和操作一个项目。这个项目让我有机会尝试从0到1搭建平台，完成公司To C私域流量的建设。

借着这一次复盘机会，我希望尝试用June提到的"分析和解决问题的技术",即明确"是什么、为什么、怎么做",建立解决问题的基础框架。同时,我也更希望它是我对自己"寻求突破"的过程的复盘和总结,以期在新的一年里获得更多成长和进步。

Part 1　是什么:我怎么理解私域流量

私域化,是指品牌从圈流量到养流量的过程,国外很早就有了类似概念,叫 DTC(Direct to Customer)营销,被解释为直接面对消费者的营销模式。网络上也有很多人针对私域、公域的概念进行讨论和说明。综合下来,**我认为私域流量就是品牌或者产品可重复触达且不增加成本的"用户池"。大多私域运营的模式都是把外部流量留存到品牌及产品可触达的"工具"上,用以提升用户认知、加强用户交流,进而完成后续一系列营销目的。**

所以我并不认为这是一个新概念,从一定程度上来说,它还是用户运营的基础。当然,一切理论和规律都有边界,私域运营肯定和用户运营有一定区别,才会成为当下众多企业业务增长的必选项。因此我不再纠结于宏观层面,而是从具体业务和行业中抽离出来，就我自己这一年的私域工作进行复盘。

Part 2　为什么：开展私域业务的目的

在我刚开始接触私域工作时，我也对很多企业的私域业务进行了分析和了解，一方面想通过学习，帮助自己快速入行，另一方面也希望了解竞争对手的情况。当然众所周知，很多大企业的私域业务都拥有不错的成绩，像瑞幸通过门店 LBS（Location Based Service，基于位置的服务）+社群+小程序的成交闭环，极大地提升购买频次；零售行业的名创优品，通过精细化的会员服务+社群活动，实现离店后的促活转化；还有提到私域就绕不开的完美日记，通过公众号矩阵+人设打造+精准内容输出，强化品牌定位，推动目标消费者转化。

轮到我来开展私域项目的时候，我认为一定不能跟风入局，因此当时对主要的工作进行了梳理。我认为做好以下几方面工作，才能真正达到我们做私域的目的。

一要梳理业务价值，明确中心思想。梳理业务价值以后才能着手开展具体工作，因为价值是一切业务产生的原点。结合当时的业务背景，作为一个垂直类自营电商，其核心商业模式在于通过销售产品赚取收入，业务模型通过公式可表示为：销售额=流量×下单转化率×客单价×复购次数。所以我如果开展私域工作，最核心的价值就是提升销售额。

二要因地制宜，找到落地策略。 不同的业务模式和产品形态，落实到具体的引流、留存、转化策略上大相径庭，因地制宜做私域才能获得比较好的效果。通过借鉴不同对象的策略打法，找到驱动自有业务增长的核心举措，形成有效的私域运营体系。结合公司的具体情况，包括公司资源、企业文化、人才背景，思考私域项目落地的策略和资源要求，进而制订相应的措施和打法。

三要细化监控指标，保证过程质量。 虽然"销售额=流量×下单转化率×客单价×复购次数"说明销售额是最核心的指标，但涉及过程的优化，还需要细化到具体指标，这样我们就能知道哪些事件需要重点关注，同时跟进数据监控。当然可能因为项目比较新，无历史数据可参考。因此，我计划一方面与去年同期数据做对比，针对数据变化及波动，对项目进行挖掘；另一方面根据行业研究,对重点环节的数据进行分析,建立日常监控机制,思考是否有优化空间。

Part 3　怎么做:如何驱动私域业务增长

鉴于我的思维体系还不够成熟,一般在思考的时候,我会尝试从结果及目标出发,对各个业务链条逐一进行分析,找到具体的执行方法。结合私域业务的背景,以及我对流量采集、价值激活、价值提升这三大运营关键动作的认识,**我觉得私域业务也是围绕流量采集、价值激活、价值提升来开展工作的**,基于此,我对具体工作内容进行了分析。

①流量采集:外部流量引入、内部流量裂变

②价值激活:用户需求识别、用户信任打造

③价值转化:消费触点打造、营销能力提升

在开展这些具体工作的同时,基于业务逻辑,将各个环节的运营策略、沉淀数据进行梳理,与目标做对比,从而总结出差异和问题,并进行经验总结,进而优化,形成闭环。因此,结合我开展的具体私域业务,对于"如何驱动私域业务增长",我认为有以下几点值得关注：

①在流量引入环节，"钩子产品"最好以与综合行业相关度高且成本低的标准来选择，否则会出现引流效果差或薅羊毛的情况；

②用户信任感打造，一来源于服务，二来源于内容，为避免"自嗨"，可以通过设置标签组做 A/B 测试，不断测试转化率；

③在营销能力提升环节，通过定义用户生命周期匹配运营策略，结合自动话术触达，可大幅提升推荐效果，并降低人工操作成本。

以上是我对于做 To C 私域运营的一些初步复盘及总结，可能还不够深入，但让我对思考和分析路径——"是什么、为什么、怎么做"有了更清晰的认识，如果有幸能继续在私域业务中开展工作，我相信明年对私域项目进行复盘时，我会有更多收获。

我主要做 To C 私域业务，业务中偶尔也会涉及 To B 业务，两者的共同点是都需要面向用户建立专业感，这也是与用户深度链接的前提之一。而关于两者的不同点，一是 To B 业务的用户需求更单一，相较于 C 端用户多样化的需求，留住 B 端用户的关键在于满足其核心需求；二是 B 端用户更愿意计算成本，而 C 端用户则更注重体验感；三是在运营策略上，To B 业务的运营手段更加简单粗暴，追求效率，To C 业务的运营策略则往往通过渗透式的营销逐渐影响用户心智。

过去一年，是不容易的一年，也是我飞速成长的一年。这一年让我对很多事情都变得坦然，比如我发现自己锻炼了却没有控制好体重，但我并没有失落；比如有些人我舍不得却又不得不分开，但我并没有犹豫；比如我在工作中出现了一些失误，但我并没有耿耿于怀。这一切都是因为"不容易"造就了"成长"，感恩自己遇见的一切，未来继续加油！

后记
6 个关键词总结我的 10 年运营路

2020 年是我步入职场的第 10 个年头，10 年来我都在围绕运营这个工种开展工作。2020 年我做过一次深度的复盘：这 10 年用过什么技术、创造过什么价值、实现了什么目标、过程是否可以再优化？围绕这几个问题，我用 6 个关键词对这 10 年进行了总结。写完这本书后，再回头看，我仍觉得这是一次比较深入和到位的总结，所以想借这个机会，分享给大家。

关键词 1：问题的核心

技术是用来解决问题的，因此在运用任何技术之前，我们都要先了解问题的背景及问题发生的原因。

无论处于什么阶段，我们都会遇到问题或困难，有时你以为你在解决问题，其实却进入了一个问题新的表现形式下。掌握问题发生的根本原因、掌握问题的核心，更有利于我们系统性地解决问题。我们所面临的局面越复杂，对系统性解决能力的要求越高。

拿我自己举例。在20多岁时，只要我是好学生，就可能是好女儿，因为在那个阶段，父母的期望值与老师的期望值相似，拿奖学金可以作为这个阶段的目标；刚毕业时，只要我是好员工，就可能是好女儿，因为在那个阶段，工作执行力强，能够让自己成长，就能同时满足父母与领导的期望，成为优秀员工可以作为这个阶段的目标。在这些阶段如果遇到问题，很容易就能找到问题的核心。现阶段的我叠加了很多身份，员工、教练、儿媳、妻子、妈妈、女儿……此时再遇到问题，找到核心的难度就相对较高，如果找不到核心，解决问题的方式就可能会进入误区。

那如何才能找到问题的核心呢？《高效能人士的七个习惯》一书指出，要找到一个问题的核心，可以从这个问题反映了什么样的价值观（安全感）、解决这个问题秉持什么样的标准（人生方向）、需要什么样的能力（智慧）、需要如何执行（力量）来抓住问题的核心。在不断寻找问题核心的过程中，我们会逐步建立解决问题的原则，以原则为中心，可以更清楚地洞察各类问题。

关键词 2：复盘有必要

在复盘时，我以时间为主线，思考每个阶段的收获和问题，复盘完成以后，我将其分享给了我周围的一些人，曾经的一位领导表示，希望我能构建一个更高级的复盘框架，于是我继续思考，同时结合一些资料，用生存、定位、发展、自我实现这四个阶段划分自己的职业生涯。

首先，生存问题已基本解决（如果毕业十年还没有解决生存问题，那么我也没有资格继续往下写了）。

其次，关于定位，我在 20 多岁的时候就明确了自己的职业定位，即围绕用户运营深耕。其实用户运营是个很大的概念，除了基础的用户研究，市场、销售业务其实都有用户运营的影子，我决定继续在这个领域做下去，结合现有的模型，完善自己的方法论。

最后，我可能就需要考虑发展与自我实现，发展涉及平台，自我实现涉及人生价值观及目标。这个问题可以具化为我想要实现什么样的目标，与哪个平台合作可以实现这样的目标。我创造价值，平台帮助我体现价值，然后根据关键价值链的拆解方法，找到核心要素，一步一步解决它。

这里附上古典老师的职业生涯发展三阶段趋势图，不管是对于过去的复盘还是对于未来的规划，我相信这个图都会对大家有所启发。

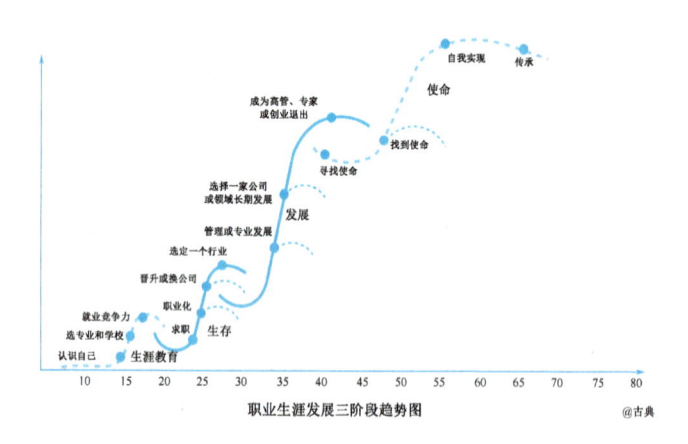

职业生涯发展三阶段趋势图　　@古典

有一个人生商业模式的公式，我很认同：人生商业模式=能力×效率×杠杆。其中能力可以分解为勤奋、可怕的勤奋、高效而可怕的勤奋；效率可以分解为选择、方法、工具；杠杆可以分解为团队、产品、资本、影响力。自己的商业模式能否成功，取决于自己拥有多少能力，有多高的效率，用了哪些杠杆。假设能力和效率可以自给自足，那么杠杆一定来自与外界的合作，没有合作的商业模式注定是失败的。

关键词3：合作很重要

学会合作是我们当下和未来重要的课题，对于运营，至少要做到能流畅地跨部门合作。

关键词4：建立全局观

想象一下自己要做一个活动，是不是只想到活动本身；要建立一个渠道，是不是只考虑渠道本身。结果最后竭尽全力，也没有达到自己想要的效果。其实，任何一项运营工作都是系统的，而不是单一的。

但对于刚开始做运营的朋友来说，很难一上来就具备系统思考的能力，那该如何建立全局观呢？可以这样开始：对于一项要做的工作，除了问"是什么"，更要问"为什么"，力求掌握工作的全貌。如果运营经理或相关管理人员在给新人安排一项工作时，讲了做什么,又讲了为什么做,那对于新人逐步构建全局观会有很大的帮助。

此外,我们可以要求自己多站在他人的角度思考问题。在观点层面,从正反两方面来分析问题;在时间维度上,从前后两段来看待问题;在角色方面,从领导及员工层面来还原问题。日积月累,我们会逐步具备更好的直觉。

关键词 5:目标必须有

每个人的脑海里都有两张地图,一张是价值观地图,一张是事物认知地图。如果我们没有目标,我们的地图就没有终点和链接,就是无效地图。

我从 2007 年开始,每年都为自己设定了目标,基本上每年至少达成了目标的 60%。达成目标的过程,其实是强化目标的过程,依此循环,能建立更好的自我激励体系。同时明确了自己将要做什么及想要做成什么样,能有效减少外界对我们的干扰。如果我立志要做一个优秀的用户运营人员,那么那些贩卖焦虑的自媒体文章,和我又有什么关系呢?有了目标,我们会更加专注,内心会少一些浮躁和焦虑。

关键词 6：懂一些常识

在 2020 年，我遭遇了电信诈骗，找回钱款的概率几乎为零。为什么那么多诈骗电话，我偏偏就进了这个套？一方面是因为骗子的话术"高明"，另一方面是因为我缺乏常识。

通过这次经历，我觉得更好地习得常识的方式，就是让自己不那么"急"，多留一些时间观察周围的人、事、物。生活中除了工作，还有很多重要的事，比如与自己的良师益友聊聊天，寻求工作与生活的平衡，做一个心中有理想、眼中有远方、当下有结果的人。

结合前几章的内容和上述六个关键词，其实还有很多内容可以展开叙述，但纸上得来终觉浅，因此我更希望我提供的内容，能够启发、引导正在阅读的你进行思考，并加以实践，提出更优秀的方法论。

对于这本书的期望

写到这里，也该做一个总结了。首先感谢我的家人和朋友，尤其是我的先生，他一直在鼓励和支持我，甚至是治愈我；感谢这些年带领和指导过我的老师、前辈；感谢我的读者，一直给我正向反馈，让我对输出更有信心。其次我一定要说，我不认为这是一本可以 100%为你提供帮助的书，但我坚信它一定会引发你对方案撰写的思考。

书中列举的案例主要用来培养思考和解决问题的逻辑，所以就案例本身而言可能不够精细，鉴于我对不同行业的熟悉程度不同，如有不妥之处，请各位读者批评指正。最后，我想把我最喜欢的一首诗送给大家，这首诗从中学时期开始就是我在面对困难和苦楚时的精神支柱——普希金的《假如生活欺骗了你》：

假如生活欺骗了你，

不要悲伤，不要心急！

忧郁的日子里须要镇静；

相信吧，快乐的日子将会来临！

心儿永远向往着未来；

现在却常是忧郁。

一切都是瞬息，一切都将会过去；

而那过去了的，就会成为亲切的怀恋。

未经许可，不得以任何方式复制或抄袭本书之部分或全部内容。版权所有，侵权必究。

图书在版编目（CIP）数据

写方案其实是解决问题 / June 著. —北京：电子工业出版社，2022.4

ISBN 978-7-121-43155-5

Ⅰ.①写… Ⅱ.①J… Ⅲ.①商业计划－文书－写作－问题解答 Ⅳ.①F712.1-44

中国版本图书馆 CIP 数据核字（2022）第 047062 号

责任编辑：黄菲　　　文字编辑：王欣怡
印　　刷：北京虎彩文化传播有限公司
装　　订：北京虎彩文化传播有限公司
出版发行：电子工业出版社
　　　　　北京市海淀区万寿路 173 信箱　邮编：100036
开　　本：880×1 230　1/32　印张：7　字数：103 千字
版　　次：2022 年 4 月第 1 版
印　　次：2024 年 8 月第 5 次印刷
定　　价：68.00 元

凡所购买电子工业出版社图书有缺损问题，请向购买书店调换。若书店售缺，请与本社发行部联系，联系及邮购电话：（010）88254888，88258888。

质量投诉请发邮件至 zlts@phei.com.cn，盗版侵权举报请发邮件至 dbqq@phei.com.cn。

本书咨询联系方式：424710364（QQ）。